संजीव कपूर

नो-ऑयल

वेजिटेरियन कुकिंग

आल्योना कपूर के सहयोग से

पॉप्युलर प्रकाशन
www.popularprakashan.com

खाना ख़ज़ाना पब्लिकेशन्स प्रा. लि. के लिए
पॉप्युलर प्रकाशन प्रा. लि. द्वारा प्रकाशित
पॉप्युलर प्रकाशन प्रा. लि.
३०१, महालक्ष्मी चेंबर्स,
२२, भुलाबाई देसाई रोड
मुंबई - ४०० ०२६

सह प्रकाशक
राजपाल एण्ड सन्ज़
कश्मीरी गेट, दिल्ली - ११० ००६
website: www.rajpalpublishing.com
e-mail: mail@rajpalpublishing.com

प्रथम प्रकाशन : २००६
प्रथम पुनर्मुद्रण २०१२

ISBN:978-81-7028-940-1

बुक डिजाइन : क्रिएटिव कोंशेंट (CQ - ए रेप्रो इंडिया लिमिटेड एंटरप्रायजेस)
फोटोग्राफी : मंगेश परब
फूड स्टाइलिस्ट : हरपाल सिंह सोखी
न्यूट्रिशियनिस्ट : प्राची हतवलने और कीर्ति मसुरकर

टाईपसेटिंग
सायबर मिडिया (इंडिया) लिमिटेड
गुरगाँव - १२२ ००१

भारत में प्रकाशित
थॉमसन प्रेस (इंडिया) लिमिटेड
नई दिल्ली

शेफ की कलम से

अगर सामने चुनौतियां हों तो जिंदगी ज्यादा मज़ेदार और रोचक हो जाती हैं। इस पुस्तक को लिखते हुए निश्चित ही अधिक आनंद आया और निस्संदेह एक चुनौती भी थी, क्योंकि मेरा संपूर्ण ध्यान इस पर था कि तेल रहित भोजन सुंदर दिखे और स्वादिष्ट भी लगे। मेरा विश्वास करें, अब वे उदास दिन गए, जब तेल बिना भोजन का मतलब उबला, भाप में पका भोजन होता था, जिसमें नमक और काली मिर्च का ही उपयोग रहता था। अब इसका मतलब खिचड़ी और दही नहीं होता। अगर हमें ऐसी रेसीपीज़ मिल जाए जो तेल रहित होने के साथ ही परिवार के साथ बैठकर स्वाद से खाई जाए तो भोजनकाल का मतलब सार्थक हो जाता हैं ।

कम तेल या तेल बिना भोजन के बारे में बहुत कुछ कहा और लिखा गया है, लेकिन इस विषय को कितना सही ढंग से समझा गया है, यह संदेहास्पद है। आधुनिक जीवन के साथ दबाव, तनाव और उनसे संबंधित स्वास्थ्य समस्याएं उत्पन्न हो सकती हैं। विज्ञान की तरक्की ने शारीरिक तनाव दूर करने के अनेक साधन और यंत्र विकसित किए हैं, लेकिन उन राहतों से ही बीमारियां भी पैदा होती हैं। हम लोगों ने आधुनिक जीवन पद्धति के साथ संतुलन बिठा लिया है, लेकिन उसी के अनुरूप अपने भोजन के साथ हम संतुलन नहीं बिठा सके हैं। इस पुस्तक के विचार ने इसी बिंदु पर जन्म लिया और इस पुस्तक की आरंभ से अंत तक की सृजनयात्रा (लेखन प्रक्रिया) के बारे में जानने में आपकी रुचि बढ़ेगी। मैं तो यही कहूंगा कि यात्रा को भूल जाइए और अंतिम लक्ष्य का आनंद उठाइए। दूसरे शब्दों में मेरी पाक विधियां रोज की रसोई के लिए हैं। आज के युग में जब प्रौढ़ उम्र में होनेवाली बीमारियों में जीवनशैली से जुड़ी बीमारियां तेजी से बढ़ रही हैं तो मेरा पूरा विश्वास हैं कि आप इस पुस्तक का स्वागत करेंगे और इसे अपने रसोईघर में लाकर रखेंगे। यहां हर प्रकार के भोजन की पाक विधियां हैं। हर एक पाक विधी पूर्ण शोध और संपूर्णता के साथ लिखी गयी है।

ऑयल (तेल) पूरी दुनिया में अधिकांश व्यंजनों का महत्वपूर्ण अंग रहा है, यह स्वाद बढ़ाने के साथ व्यंजनों को खुश्बू भी देता है। नारियल तेल, ओलिव तेल और सरसों तेल आदि का उदाहरण ले सकते हैं। लेकिन खुश्बू के साथ ही फैट (वसा) और अधिक मात्रा में कैलोरी भी मिलती है, जो मेडिकल कारणों से हम में से कुछ के लिए प्रतिबंधित है। इस पुस्तक को पढ़ते हुए आप पाएंगे कि हमने किसी प्रकार के तेल, घी, क्रीम या वसापूर्ण सामग्रियों का उपयोग नहीं किया है। लेकिन इसके साथ ही इसका पूरा खयाल रखा गया है कि भोजन और व्यंजनों का स्वाद प्रभावित न हो।

इस पुस्तक की पाक विधियां केवल अपने वजन के प्रति चिंतित व्यक्तियों के लिए ही नहीं हैं। ये आपके और मेरे जैसे उन व्यक्तियों के लिए भी हैं, जो अपनी सेहत के प्रति सचेत हैं। जो सुंदर दिखने के साथ लंबी और बेहतर जिंदगी चाहते हैं। मेरा तो एक ही मंत्र है कि ठीक से खाओ और नियमित रूप से कसरत करो। ये पाक विधियां आपके दैनिक भोजन में बदलाव ला सकती हैं। जब भी तेल बिना खाना पकाने की जरूरत हो तो इन पाक विधियों का अवश्य उपयोग करें।

हर सक्रिय व्यक्ति रोजाना १५ ग्राम फैट ले सकता है। लेकिन सच्चाई यह है कि हम निश्चित या आवश्यक मात्रा से बहुत ज्यादा फैट ग्रहण कर लेते हैं, क्योंकि हम में से अधिकांश को नहीं मालूम कि हर भोजन में फैट का कुछ प्रतिशत होता है। गेहूं, दाल, सब्जी, फल, दूध, पनीर, दही, दालचीनी, लौंग, तिल और सरसों के दाने में भी फैट रहता है। इसलिए कार्बोहाइड्रेड और प्रोटीन का ध्यान रखते हुए हम प्रतिदिन जो अलग-अलग किस्म के भोजन ग्रहण करते हैं, उनसे मिल रहा अदृश्य फैट स्वस्थ भोजन के लिए बिल्कुल उचित है। मेरे कहने का मतलब है कि नो ऑयल का मतलब भोजन का लिपीड तत्त्व से मुक्त होना नहीं होता।

हमें अपने स्वाद का भी ख्याल रखना चाहिए, क्योंकि वह बहुत जरूरी है। इस पुस्तक की पाक विधियों का यही उद्देश्य भी है। इस संग्रह की सभी पाक विधियां अन्य सहायक व्यंजनों के साथ मिलाकर चार लोगों के अनुपात की है और संतुलित मेन्यू बनती है।

तो एप्रन बाँधिए और नॉन स्टिक बर्तनों के साथ इन पाक विधियों को आजमाने और उनके स्वाद लेने के लिए तैयार हो जाइये। ये पाक विधियां सेहतमंद जिंदगी में मददगार होने के साथ आपका दिल भी जीत लेंगी।

Happy Cooking! Sanjeev Kapoor

हमारे न्यूटि-शियनिस्ट के डेस्क से

इन ऑयल फ्री पाक विधियों को प्रस्तुत करने का एक ही उद्देश्य है कि आपके भोजन में कुछ नयापन आए। हम एक ऐसी दुनिया में जी रहें हैं, जो बहुत तेज रफ्तार से आगे बढ़ रही है। तनावपूर्ण जीवनशैली के कारण अधिकाधिक लोग कोलेस्ट-ॉल स्तर बढ़ने के शिकार हो रहे हैं। इसके साथ ही जीवन शैली से जुड़ी बिमारियों या मोटापा, मधुमेह और हाइपरटेंशन आम बात हो गयी है, इसलिए जरूरी हो गया है कि हम अपने भोजन में तेल और फैट की मात्रा कम करें।

वक्त की जरूरत

कसरत और बेहतर स्वास्थ्य की कमी से कोलेस्ट-ॉल स्तर बढ़ जाता है। समय की कमी के कारण हम खुद पर ध्यान देने, खाने की स्वस्थ पद्धति और नियमित कसरत जैसी जरूरी मसलों पर ध्यान नहीं दे पाते। वक्त आ गया है कि हम कमर कसें, क्योंकि अधिकाधिक लोग जीवनशैली से जुड़ी बिमारियों के शिकार हो रहे हैं, जिनसे जिंदगी छोटी होती जा रही है। यह पुस्तक कम फैट के भोजन का दिशानिर्देश देगी। इन व्यंजनों को पकाने के लिए बीज से निकाले तेलों की जरूरत नहीं है।

बदलाव सीखें

अनेक लोग ऑयल फ्री भोजन के फायदे नुकसान के बारे में सोचते हैं। याद रखना चाहिए कि तेल के बगैर हमारा काम नहीं चल सकता, लेकिन कम तेल से हम अपना काम चला सकते हैं। हम जितनी जल्दी वसारहित भोजन स्वीकार कर लें, उतना ही हमारी सेहत के लिए फायदेमंद होगा। एक समोसे के लालच से आपके शरीर में ३६९ कैलोरी का इजाफा हो जाता है। या अपनी पसंदीदा फ्रेंच फ्राई से आप ३६० कैलोरी जोड़ लेते हैं। इसके बदले में दो इडली लें तो उतना ही पेट भरेगा, जबकि सिर्फ ६० कैलोरी ग्रहण होगा। छोटी चीजों से बदलाव आता है। भैंस के दूध से गाय के दूध के सेवन पर आ जाएं तो ५० कैलोरी की बचत होगी और हर सौ ग्राम के सेवन पर २.४ ग्राम वसा शरीर में जमा होगा। वक्त आ गया है आपके चुनाव और बदलाव का।

ऑयल फ्री दुनिया नहीं है

आप इस पुस्तक को पलटने पर पाएंगे कि हमने किसी भी पाक विधि में तेल का उपयोग नहीं किया है। ऐसा भ्रम हो सकता है कि ऑयल फ्री दुनिया भी हो सकती है। पर ऐसा नहीं है। सच है कि हर भोज्य पदार्थ में तेल की मात्रा रहती है - खसखस, धनिया, जीरा, लौंग, काली मिर्च, तिल और हल्दी पावडर में वसा रहता है। लगभग सभी व्यजंनों में इन मसालों का इस्तेमाल हुआ है। आप यह न मानें कि ये वसारहित हैं। इनमें वसा की मात्रा कम रहती है और लो फैट लेना स्वास्थ्य के लिए खतरनाक नहीं है। अगर आप जानना चाहते हैं तो हम बता दें कि १०० ग्राम खसखस में १९.३ ग्राम वसा है। इसी प्रकार काजू, मूंगफली, सूखा नारियल, ताजा नारियल, बादाम और अखरोट में भी पर्याप्त वसा है। अरहर दाल में भी वसा है - १०० ग्राम में १.५ ग्राम वसा और मूंग में ३.७ ग्राम वसा है। दाल कच्ची नहीं खायी जाती है, जब इन्हें पकाया जाता है तो मसालों और बाकी चीजों से भी वसा जुड़ती है।

हमें तेल चाहिए

अगर हमारे शरीर में तेल हो तो वह ठीक से काम करता है। इसके लिए प्राकृतिक तेल बेहतर है। हम सभी जानते हैं कि तेल से स्वाद बढ़ जाता है और खाना लजीज लगने लगता है। सलाद या ओलिव तेल डालने से सलाद भी ज्यादा स्वादिष्ट लगता है। अधिकांश पाक विधियों में तेल रहता है, इससे व्यंजन अस्वादिष्टता खत्म होती है और व्यंजन खुश्बूदार, नरम और पोषणतत्व से युक्त हो जाते हैं।

हमें वसा (फैट) क्यों चाहिए ?

- वसा एनर्जी का ठोस स्रोत है और वसा घुलने योग्य विटामिन के लिए जरूरी है ।
- यह सेल के निर्माण के लिए आवश्यक है। विकास के लिए जरूरी है ।
- वसा में एसेंसियल फैटी एसिड (इएफए) रहता है। वसारहित भोजन हो तो शरीर को इएफए नहीं मिल पाता। उससे विकास अवरुद्ध हो सकता है, त्वचा की क्षति हो सकती है और लीवर खराब हो सकता है। इससे त्वचा शुष्क और पपड़ीदार हो सकती है ।
- इएफए का निर्माण शरीर में स्वयं नहीं होता। विकास, पुनरुत्पादन, त्वचा और बालों की स्थिति और घाव भरने में यह उपयोगी है। सेल मेम्ब्रेन की संरचना में भी उसकी भूमिका होती है।

वसा नहीं रहने से वजन घटता है। लंबे समय तक वसारहित भोजन लेने से निम्नलिखित समस्याएं हो सकती हैं -

- शुष्क, खुजलीदार और पपड़ीदार त्वचा
- शुष्क, भद्दे और रूसी से भरे बाल
- घाव भरने में देरी
- न्यूरोलॉजिकल बीमारियां
- हृदय रोग (आरटेरियोक्लिरोसिस)
- त्वचा की बीमारियां
- मोतियाबिंद, गठिया और कैंसर जैसी बीमारियां

ऐसा भोजन लेना बेहतर है, जिसमें वसा कम हो, लेकिन आवश्यक प्रोटीन, कार्बोहाइडेट, विटामिन और खनिज हों। हमें संतुलित भोजन पर ध्यान देना चाहिए और इसी लक्ष्य से यह पुस्तक तैयार की गई है। अगर एक दिन कुछ ज्यादा वसा ले लिया है तो अगले एक-दो दिन इस पुस्तक की पाक विधि अपना लें।

और याद रखें...

सोच-समझकर खाएं, कसरत करें और लंबी एवं सेहतमंद जिंदगी जिएं।

विषय सूची

सामग्री

२ छोटे चम्मच चाय पत्ती

१६ पुदीने की ताज़ी पत्तियां

४ नींबू छल्ले काटे हुए

२ इंच दालचीनी

४ चकरी फूल

१६ छोटे चम्मच कैस्टर शुगर (पिसी हुई शक्कर)

मोरक्कन मिंट टी

१. चाय पत्ती, पुदीने की पत्तियों, नींबू के टुकडे, दालचीनी, चकरी फूल और कैस्टर शक्कर केतली में डालें।

२. उबला पानी डालें, केतली ढक दें और तीन-चार मिनट तक छोड़ दें।

३. अच्छी तरह हिलाकर शक्कर घोल दें।

४. ग्लास में डालकर गर्मागर्म परोसें।

शाकाहारी | तैयारी ६ मिनट | बनाने में ५ मिनट | परोसें ४ व्यक्तियों को

सामग्री

४ किवी

$^{1}/_{4}$ कप पुदीने के ताज़ी पत्तियां, बारीक कटी हुई

$^{1}/_{4}$ कप धनिया की ताज़ी पत्तियां, बारीक कटी हुई

$^{1}/_{2}$ छोटा चम्मच जीरा, भूना हुआ

$^{1}/_{2}$ इंच अदरक, बारीक कटा हुआ

५-६ काली मिर्च

३ बड़े चम्मच शक्कर

स्वादानुसार नमक

१ छोटा चम्मच काला नमक

१ बड़ा चम्मच नींबू का रस

जरूरत के मुताबिक कूटी हुई बर्फ

किवी *का पन्ना*

१. तंदूर में किवी को भूनें या अवन में १५०° सेंटीग्रेड/३००° फारेनहाईट/ गैस मार्क २ पर भूनें। किवी नर्म हो जानी चाहिए। किवी ठंडा कर छील लें और फिर उसे उंगलियों या लकड़ी के चम्मच से मसल लें।

२. पुदीना और धनिया की पत्तियां, जीरा, अदरक और काली मिर्च का पेस्ट तैयार कर लें।

३. किवी के मसले हुए गूदे को शक्कर, नमक, काला नमक और नींबू के रस के साथ ब्लेंड करें और उसमें पुदीना और धनिया का पेस्ट डालकर अच्छी तरह मिला लें। चार कप पानी डालकर फिर से अच्छी तरह मिला लें।

४. ग्लास में बर्फ की डली रखकर पन्ना भरें और ठंडा-ठंडा परोसें।

शाकाहारी | तैयारी ३० मिनट | बनाने में १० मिनट | परोसें ४ व्यक्तियों को

मोरक्कन मिंट चाय

किवी का पन्ना

काली गाजर
की कांजी

सामग्री

४ बड़ी काली गाजर

४ बड़े चम्मच सरसों, दरदरे कूटे हुए

३ बड़े चम्मच नमक

१$^{1}/_{2}$ बड़े चम्मच दरदरा पिसा हुआ लाल मिर्च पाउडर

शेफ की राय : *अगर काली गाजर उपलब्ध न हों तो लाल गाजर की कांजी बना सकते हैं। गाजर की कांजी अवश्य चख कर देखें।*

१. गाजर छीलकर पानी से धो लें। गाजर के लंबे टुकड़े कर लें।
२. चार लीटर पानी रखने लायक बड़े जार या मिट्टी के बर्त्तन में अठारह कप पानी लें। उसमें गाजर, सरसों पाउडर, नमक और लाल मिर्च पाउडर अच्छी तरह मिला लें।
३. बर्त्तन के मुंह को मलमल के कपड़े से बांध लें।
४. इसे धूप में तीन सा चार दिनों तक रखें। तैयार हो जाने के बाद इसे फ्रीज में रखें।
५. परोसने के पहले अच्छी तरह हिला लें और बड़े ग्लास में गाजर के टुकड़ों के साथ इसे भरकर ठंडा परोसें।

शाकाहारी | तैयारी १० मिनट | बनाने में ३-४ दिन | परोसें ४ व्यक्तियों को

टॅंगी क्यूकंबर
एंड सेलरी ज्यूस

सामग्री

२ मध्यम आकार के खीरे, छिले और मोटे टुकड़ों में कटे

२ इंच सेलरी, बारीक कटी हुई

२ बड़े चम्मच नींबू का रस

१ बड़ी चम्मच शक्कर

स्वादानुसार नमक

बर्फ की डलियां

सजाने के लिए

पुदीने के कुछ ताज़ा हरे डंठल

४ तीन इंच लंबे सेलरी के डंठल

१. चार कप पानी में खीरा, सेलरी, नींबू का रस, नमक और शक्कर डालें। इसमें बर्फ की डलियां डालकर ब्लेंडर में चलाएं। अच्छी तरह मिलाएं।
२. ज्यूस को ग्लास में डाल लें और तुरंत पुदीने के डंठल और सेलरी से सजाकर परोसें।

शाकाहारी | तैयारी १० मिनट | बनाने में ५ मिनट | परोसें ४ व्यक्तियों को

सामग्री

- १/२ कप तुवर/अरहर दाल
- २ बड़े चम्मच छिलकेवाली मूंगदाल
- २ मध्यम आकार की गाजर
- २-३ सूखी लाल मिर्च
- ६-८ साबुत काली मिर्च
- १ छोटा चम्मच जीरा
- १ छोटा चम्मच साबुत धनिया
- ४-५ लहसुन की कलियां
- २ हरी मिर्च, चीरी हुई
- स्वादानुसार नमक
- २ बड़े चम्मच धनिया की ताजा पत्तियां, बारीक कटी हुई

दाल और गाजर *शोरबा*

१. दो कप पानी में तुवर/अरहर दाल और आधे कप पानी में छिलकेवाली मूंग अलग-अलग आधे घंटे के लिए भिगोएं। छान कर निकाल लें।

२. एक गाजर मोटी-मोटी काट लें और दूसरे को कद्दूकस कर लें। सूखी लाल मिर्च, काली मिर्च, जीरा और धनिया एक साथ भून लें और दरदरा पाउडर बना लें।

३. प्रेशर कुकर में दालें डालें। अब मोटी कटी गाजर, लहसुन और तीन कप पानी डाल दें। तब तक पकाएँ जब तक कि दाल गल न जाए।

४. हैंड ब्लेंडर से दाल मथें। एक कप पानी डालें और हरी मिर्च डालकर उबाल लें। पीसे हुए मसाले डालें और नमक डालकर दो मिनटों तक मध्यम आँच पर उबलनें दें।

५. धनिया की पत्तियों और कसे हुए गाजर से सजाकर परोसें।

शाकाहारी | तैयारी ३० मिनट | बनाने में ३० मिनट | परोसें ४ व्यक्तियों को

सामग्री

२०-२४ मध्यम आकार के टमाटर, चार टुकड़े किए हुए

२४ बेसिल की ताज़ी पत्तियां

२ तेज पत्ते

२० काली मिर्च

२ मध्यम आकार के प्याज, स्लाइस किए हुए

८ लहसुन की कलियां, कटी हुई

२ छह इंच की सेलरी डंठल, बारीक कटी हुई

२ मध्यम आकार की गाजर, मोटी कटी हुई

स्वादानुसार नमक

२ बड़े चम्मच बेसन

२ छोटे चम्मच शक्कर

टोमाटो

एंड बेसिल सूप

१. एक नॉन स्टिक पैन गर्म करें। इसमें तेजपत्ते, आधा हिस्सा काली मिर्च और प्याज डालकर तब तक भूनें, जब तक प्याज गुलाबी रंग के न हो जाएं।

२. लहसुन, सेलरी और तीन बड़े चम्मच पानी मिलाएं। इसे हिलाकर गाजर और टमाटर डाल लें।

३. सजाने के लिए बेसिल के छह पत्ते रख लें और बाकी टमाटरों के साथ मिलाकर हिलाएं और नमक डालें।

४. हल्की आंच पर टमाटर नर्म होने तक पकाएं। तीन कप पानी डाल कर सब कुछ उबाल लें। बर्तन ढककर दस से पंद्रह मिनट तक पकाएं।

५. पूरे मिश्रण को छान लें और तरल पदार्थ रख लें। छनी सामग्रिओं में से काली मिर्च और तेजपत्ते निकाल लें। उसे ठंडा होने दें। बाद में ब्लेंडर में पीसकर गीला पेस्ट तैयार कर लें।

६. एक अलग पैन में खुश्बू आने तक बेसन भूनें। गीले पेस्ट को इसमें डालकर मिला लें। रखा हुआ तरल पदार्थ मिलाएं और घोल का गाढ़ापन परख लें।

७. पैन को गर्म करें। शक्कर, नमक, बची हुई काली मिर्च (ताज़ी कूटी हुई) मिलाएं और सूप को कुछ मिनटों तक खौलने दें, फिर इसे छानकर उबाल लें।

८. बेसिल की पत्तियों से सजाएं और गर्मागर्म परोसें।

शाकाहारी | तैयारी १५ मिनट | बनाने में २० मिनट | परोसें ४ व्यक्तियों को

टोमाटो एंड बेसिल सूप

सामग्री

- ५ मध्यम आकार के केले, कटे हुए
- ५ बड़े चम्मच शहद
- २ बड़े चम्मच नींबू का रस
- २ कप पानी निकाला दही, क्रीम रहित दही से बना (स्किम्ड् मिल्क)
- १० बर्फ की डलियां
- १० पुदीने की ताज़ी पत्तियां

बनाना एंड हनी स्मूदी

१. कटे हुए केले फ्रीजर में एक घंटे के लिए रखें।

२. ब्लेंडर में फ्रीजर से निकाले केले, शहद, नींबू का रस और दही डालकर फेंटे।

३. बर्फ की डलियां डालकर फिर से ब्लेंडर चलाएं।

४. ग्लास में उड़ेलें और पुदीना की पत्तियों से सजाकर परोसें।

शाकाहारी | तैयारी १ घंटा | बनाने में ५ मिनट | परोसें ४ व्यक्तियों को

सामग्री

- १/२ खरबूज, १/२ इंच के क्यूब में कटा हुआ
- ६ संतरे
- १/२ मध्यम आकार का तरबूज, बीज निकाला और कटा हुआ
- १/२ छोटा चम्मच चाट मसाला

मस्क मेलन एंड ऑरेन्ज ज्यूस

१. संतरे का ज्यूस निकाल कर छान लें। इसे अलग रख लें।

२. तरबूज के टुकड़े ब्लेंडर में डालकर नर्म होने तक चलाएं और छान लें।

३. संतरे और तरबूज के ज्यूस मिला लें। चाट मसाला डालकर अच्छी तरह मिला लें और फ्रिज में ठंडा करें।

४. परोसने के पहले हर ग्लास में खरबूज के टुकड़ों का एक चौथाई हिस्सा डालें और फिर मिलाया हुआ ज्यूस भर लें।

५. तुरंत परोसें।

शाकाहारी | तैयारी १५ मिनट | बनाने में २० मिनट | परोसें ४ व्यक्तियों को

सामग्री

१ बड़ा सेब, बड़े आकार में कटा हुआ

१/२ मध्यम आकार का ताज़ा अनन्नास, बड़े टुकड़ों में कटा हुआ

२ मध्यम आकार के संतरे, फांक किए हुए

१० पुदीना की ताज़ी पत्तियां

ड्रेसिंग के लिए

१ बड़ा चम्मच नींबू का रस

१ छोटा चम्मच शक्कर

स्वादानुसार नमक

१/२ छोटा चम्मच भुना जीरा, कूटा हुआ

१/२ छोटा चम्मच लाल मिर्च फ्लेक्स

५-६ काली मिर्च, कूटी हुई

एप्पल, पाईन्एप्पल् एंड **संतरा** सलाद

१. ड्रेसिंग की सारी सामग्रियों को दो बड़े चम्मच पानी में डालकर मिलाएं।

२. सेब, अनन्नास और संतरे के टुकड़े मिलाएं। ड्रेसिंग मिलाकर उलट-पुलट लें।

३. पुदीने की पत्तियों से सजाकर परोसें।

शाकाहारी | तैयारी १० मिनट | बनाने में ५ मिनट | परोसें ४ व्यक्तियों को

रेड् कैप्सिकम सूप विद् लेमन

एप्पल्, पाईन्एप्पल एंड संतरा सलाद

रेड् कैप्सिकम
सूप विद् लेमन

सामग्री

८ मध्यम आकार की लाल कैप्सिकम

४ बड़े चम्मच नींबू का रस

२ मध्यम आकार के प्याज, बारीक कटे हुए

१२ लहसुन की कलियां, बारीक कटी हुईं

१ बड़ा चम्मच मैदा

५ कप वेजिटेबल स्टॉक (पृष्ठ १०४)

४-५ बेसिल की ताज़ी पत्तियां

स्वादानुसार नमक

१ छोटा चम्मच शक्कर

५-६ काली मिर्च, कूटी हुई

१. कांटे या छूरी की नोक से लाल कैप्सिकम में छेद कर लें और धीमी आंच पर सीधे पकाएं फिर ठंडे पानी में डालकर छिलका निकाल दें और काट लें।

२. नॉन स्टिक पैन में प्याज और लहसुन मध्यम आंच पर एक मिनट तक पकाएं। मैदा मिला लें और अगले एक मिनट तक भूनते रहें। भूरा होने या खुश्बू आने तक उन्हें भूनें।

३. एक कप वेजिटेबल स्टॉक, कैप्सिकम और बेसिल की दो-तीन पत्तियां मिलाएं। चलाते हुए उबालें। ढक कर तीन-चार मिनट के लिए पकाएं। ठंडा करने के बाद गीला पेस्ट तैयार कर लें।

४. एक पैन में सब कुछ डालें। बचा हुआ स्टॉक मिलाकर उबाल लें।

५. आंच कम कर लें। नमक, शक्कर और कूटी हुई काली मिर्च मिला लें। दो-तीन मिनट तक खौलने दें।

६. नींबू का रस मिला लें। हिलाकर अलग-अलग कटोरियों में डाल लें। बेसिल की बची हुई पत्तियों से सजाकर गर्मागर्म परोसें।

शाकाहारी | तैयारी १५ मिनट | बनाने में २० मिनट | परोसें ४ व्यक्तियों को

गारलिक् **फ्लेवर्ड** *रसम*

सामग्री

१५-२० लहसुन की कलियां

२ बड़े चम्मच तुवर/अरहर दाल, भिगोयी हुई

१ मध्यम आकार का टमाटर, बारीक कटा हुआ

२ छोटे चम्मच इमली का गूदा

स्वादानुसार नमक

एक चुटकी हींग

$^{१}/_{४}$ छोटा चम्मच हल्दी पाउडर

रसम पाउडर के लिए

१ छोटा चम्मच जीरा

६-८ काली मिर्च

४ साबुत लाल मिर्च

१ बड़ा चम्मच धनिया दानें

१ छोटा चम्मच चना दाल

तड़के के लिए

$^{१}/_{२}$ छोटा चम्मच राई दानें

२ साबुत लाल मिर्च

१ डंठल कढी पत्ते

१. नॉन स्टिक पैन गर्म करें। लहसुन की कलियां एक मिनट तक भूनें। इन्हें निकालकर अलग रख लें।

२. गहरे पैन में तीन कप पानी उबालें। फिर दाल और टमाटर डाल दें और ढककर दाल नर्म होने तक पकाएं। इन्हें मथकर पानी के साथ ही रख लें।

३. रसम पाउडर बनाएं। नॉन स्टिक पैन में जीरा, काली मिर्च, लाल मिर्च, धनिया और चना दाल हल्का भूरा होने तक भूनें। इन्हें ठंडा कर बारीक पाउडर बना लें।

४. इमली के गूदे को तीन कप पानी में नमक, हींग, हल्दी पाउडर और रसम पाउडर डालकर पांच मिनट तक या इमली की कच्ची खुश्बू समाप्त होने तक उबालें।

५. मथी हुई दाल रसम में डालकर उबालें। आंच धीमी कर पांच मिनट तक पकने दें। छानकर फिर से उबालें।

६. तड़के के लिए राई, लाल मिर्च और कढी पत्ते नॉन स्टिक पैन में भूनें और छने हुए रसम में डाल दें। जल्दी से बर्त्तन ढक दें ताकि तड़के की खुश्बू रसम में आ जाए। भूनी हुई लहसुन की कलियों से सजाकर गर्मागर्म परोसें।

शेफ की राय : *मिलाने से पहले, बेहतर और तेज सुगंध के लिए लहसुन को हल्का कूट सकते हैं। अपने स्वादानुसार लहसुन की मात्रा तय करें।*

शाकाहारी | तैयारी १० मिनट | बनाने में ३० मिनट | परोसें ४ व्यक्तियों को

सामग्री

६-८ बटन मशरूम, स्लाइस किए हुए

$^{१}/_{२}$ मध्यम आकर की गाजर, बारीक स्लाइस की हुई

४-६ चायनीज कैबेज़ की पत्तियां, १ इंच के टुकड़े में कटी

१ इंच सेलरी डंठल, आड़ा स्लाइस किया हुआ

१ हरा प्याज, स्लाइस किया हुआ

१ मध्यम आकार का लाल कैप्सिकम, बीज निकाला हुआ और १ इंच के टुकड़े में कटा

८-१० काबुली चनें, दो दाल किए हुए

१२-१६ पालक की पत्तियां, बारीक कटी हुई

४-६ कप वेजिटेबल स्टॉक (पृष्ठ १०४)

२-३ लहसुन की कलियां, कूटी हुई

$^{१}/_{४}$ छोटा चम्मच एमएसजी (वैकल्पिक)

३-४ काली मिर्च, कूटी हुई

स्वादानुसार नमक

$^{१}/_{२}$ कप अंकुरित बीन्स

$^{१}/_{२}$ छोटा चम्मच नींबू का रस (वैकल्पिक)

क्लियर वेजिटेबल सूप

१. किसी वोक या पैन में वेजिटेबल स्टॉक गर्म करें और कूटी हुई लहसुन की कलियां डालकर उबालें। मशरूम, गाजर, चायनीज कैबेज, सेलरी, हरा प्याज, लाल कैप्सिकम, मटर और पालक डालकर उबलने के बाद भी दो-तीन मिनट तक पकाएं।

२. एमएसजी, कूटी हुई काली मिर्च, नमक और अंकुरित बीन्स मिलाएं।

३. नींबू का रस मिलाएं और गर्मागर्म परोसें।

शाकाहारी | तैयारी १५ मिनट | बनाने में १० मिनट | परोसें ४ व्यक्तियों को

ट्रोपिकल फ्रूट सलाद

सामग्री

२ मध्यम आकार के संतरे, फांक किए हुए

२ मध्यम आकर की मौसंबी, फांक की हुई

१ मध्यम आकार का सेब, १/२ इंच के टुकड़ों में कट हुए

१/४ छोटा पपीता, १/२ इंच के टुकड़ों में कटा हुआ

१/२ कप बिना बीज के अंगूर (काले और हरे)

१ मध्यम आकार का अमरूद, १/२ इंच के टुकड़ों में कटा हुआ

२ बड़े चम्मच नींबू का रस

२ बड़े चम्मच शहद

१ छोटा चम्मच लाल मिर्च फ्लेक्स

स्वादानुसार काला नमक

ट्रोपिकल फ्रूट सेलेड

१. ड्रेसिंग के लिए नींबू का रस, शहद, लाल मिर्च फ्लेक्स और काला नमक का मिश्रण तैयार कर लें।

२. एक बड़े कटोरे में सारे कटे हुए फल डालें और ऊपर से ड्रेसिंग डालें। अच्छी तरह मिला लें।

३. ठंडा-ठंडा परोसें।

शाकाहारी | तैयारी १० मिनट | बनाने में ५ मिनट | परोसें ४ व्यक्तियों को

सामग्री

४०० ग्राम ताजा बटन मशरूम,
चार टुकड़ों में कटे

स्वादानुसार नमक

२ छोटे चम्मच लहसुन का पेस्ट

५-६ बेसिल की ताज़ी पत्तियां

५ बड़े चम्मच शक्कर

२ छोटे चम्मच बालसेमिक सिरका

७-८ काली मिर्च, कूटी हुई

मशरूम्स इन बालसामिक विनेगर

१. नमक, लहसुन के पेस्ट और मोटी मोटी तोड़ी हुई बेसिल की पत्तियों में मशरूम डालकर दो घंटे तक मैरीनेट करें।

२. एक पैन में शक्कर गर्म करें। एक बड़ा चम्मच पानी मिलाएं और सुनहरा भूरा होने तक उसे चलाते रहें।

३. बालसेमिक सिरका और कूटी हुई काली मिर्च डालकर दो-तीन मिनट तक पकाएं।

४. सुनहरी शक्कर में मशरूम डालकर अच्छी तरह से मिलाएं और फ्रिज में रख दें।

५. ठंडा-ठंडा परोसें।

शाकाहारी | तैयारी २ घंटे | बनाने में १० मिनट | परोसें ४ व्यक्तियों को

सामग्री

- १/२ स्लाइस ब्राउन् ब्रेड, टोस्ट किया और एक इंच के टुकड़े में कटा हुआ
- २ मध्यम आकार के प्याज
- १ मध्यम आकार का हरा कैप्सिकम, बीज निकाला और एक इंच के टुकड़ों में कटा हुआ
- २ मध्यम आकार के टमाटर, बीज निकाले और एक इंच के टुकड़ों में कटे हुए
- १ छोटे आकार का आइसबर्ग लेट्टस, छोटे टुकड़ों में कटा हुआ
- २ बड़े चम्मच ब्राउन् ब्रेड का चूरा, टोस्ट किया हुआ

ड्रेसिंग के लिए

- २ बड़े चम्मच सिरका
- स्वादानुसार नमक
- ७-८ काली मिर्च, कूटी हुई
- ६ छोटे पिकल्ड घरकिन, कटे हुए
- १ छोटा चम्मच सूखी रोजमैरी
- १/४ छोटा चम्मच मिश्रित हर्ब

ब्रेड सलाद

विद् रोस्टेड अनियन्स

१. खुली आंच पर प्याज भून लें। एक वर्गइंच के टुकड़ों में काट लें।

२. स्वाद के लिए सिरका, नमक, कूटी हुई काली मिर्च, पिकल्ड घरकिन, रोजमैरी और मिश्रित हर्ब अच्छी तरह मिला लें।

३. ब्रेड के क्यूब, प्याज, कैप्सिकम, टमाटर और आइसबर्ग लेट्टस एक कटोरे में मिला लें।

४. परोसने के ठीक पहले ड्रेसिंग की सामग्रियां मिला लें। पूरे मिश्रण को अच्छी तरह हिलायें। ब्राउन् ब्रेड के टोस्ट किए चूरे से सजाएं और तुरंत परोसें।

शाकाहारी | तैयारी १० मिनट | बनाने में ५ मिनट | परोसें ४ व्यक्तियों को

सामग्री

१ मध्यम आकार की ज्युकिनी, छिली हुई

२ मध्यम आकार की गाजर, छीले हुए

२ मध्यम आकार के खीरे, छीले हुए

स्वादानुसार नमक

५ काले ऑलिव, स्लाइस किये हुए

ड्रेसिंग के लिए

२ बड़े चम्मच सिरका

१ बड़ा चम्मच सोया सॉस

१ छोटा चम्मच भूरा शक्कर

१/२ चम्मच लाल मिर्च फ्लेक्स

३-४ बेसिल की ताज़ी पत्तियां

वेजिटेबल *रिबन सलाद*

१. पीलर या स्लाइसर से ज्युकिनी, गाजर और खीरे को लंबाई में रिबन की तरह पतले स्लाइस निकाल लें। हल्का नमक छिड़ककर पांच मिनट के लिए छोड़ दें।

२. सिरका, सोया सॉस, भूरा शक्कर, लाल मिर्च फ्लेक्स, बेसिल की पत्तियों को एक साथ ब्लेंड करें और नमक डालकर पेस्ट तैयार कर लें। इस पेस्ट को कटोरे में रख लें।

३. सब्जियों को दबाकर अतिरिक्त पानी निकाल दें।

४. सब्जियों को कटोरे में डालें और अच्छी तरह से ड्रेसिंग में मिला लें।

५. ऑलिव के स्लाइस से सजाकर परोसें।

शाकाहारी | तैयारी १० मिनट | बनाने में ५ मिनट | परोसें ४ व्यक्तियों को

वेजिटेबल

रिबन सलाद

आलू क़चालू चाट

सामग्री

२ बड़े आकार के आलू, उबले, छीले और एक इंच के क्यूब में कटे हुए

१ बड़ा शकरकंद, उबला, छीला और एक इंच क्यूब में कटा हुआ

$१^{१}/_{२}$ बड़े चम्मच नींबू का रस

स्वादानुसार नमक

१ इंच अदरक, पतले-पतले कटे हुए

१ बड़ा पका केला

२ बड़े चम्मच इमली का गूदा

२ हरी मिर्च, बारीक कटी हुई

१ छोटा चम्मच चाट मसाला

२ बड़े चम्मच धनिया की ताज़ी पत्तियां, बारीक कटी हुई

आलू कचालू

चाट

१. आधा चम्मच नींबू का रस और एक चुटकी नमक, अदरक के टुकड़ों में मिलाकर ठंडा कर लें।

२. केला छीलकर एक इंच के टुकड़ों में काट लें। आधा छोटा चम्मच नींबू का रस मिलाकर अलग रख लें।

३. आलू, शकरकंद और केले के टुकड़े एक कटोरे में मिला लें। बचा हुआ नींबू का रस, इमली का गूदा, हरी मिर्च, चाट मसाला, स्वादानुसार नमक और धनिया की पत्तियां मिलाकर अच्छी तरह उलट-पुलट लें।

४. अदरक के ठंडे टुकड़ों के साथ सजाकर परोसें।

शाकाहारी | तैयारी १५ मिनट | बनाने में ५ मिनट | परोसें ४ व्यक्तियों को

सामग्री

८-१० छोटे आलू

१०-१२ फ्रेंच बींस, १ इंच के टुकड़े में कटे हुए

$^1/_2$ छोटा चम्मच पैपरिका या लाल मिर्च, कूटी हुई

ड्रेसिंग के लिए

२ बड़े चम्मच पनीर, मसला हुआ

$^1/_2$ कप स्किम्ड् दूध का दही

१ छोटा चम्मच राई का पेस्ट

स्वादानुसार नमक

७-८ काली मिर्च, कूटी हुई

२ हरे प्याज की पत्तियां, बारीक कटी हुई

वार्म पोटेटो सलाद

विद् ग्रीन बींस

१. दो कप पानी में आलू उबाल लें। उसे निकाल कर अलग रख लें। एक कप पानी में फ्रेंच बींस उबाल लें। उसे छानकर ठंडे पानी से धो लें। अलग रख लें।

२. छिलके सहित छोटे आलू और फ्रेंच बींस मिला लें और अलग रख लें।

३. ड्रेसिंग के लिए पनीर, दही, राई का पेस्ट, नमक, कूटी हुई काली मिर्च और हरे प्याज की कटी हुई पत्तियां मिला लें।

४. छोटे आलू और फ्रेंच बींस ड्रेसिंग सामग्रियों में मिला लें।

५. पैपरिका या लाल मिर्च से सजाएं और परोसें।

शाकाहारी | तैयारी १५ मिनट | बनाने में १० मिनट | परोसें ४ व्यक्तियों को

सामग्री

१ कप ताज़ा मकई के दाने

१ बड़ा प्याज, बारीक कटा हुआ

१ बड़ा टमाटर, बारीक कटा हुआ

२ मध्यम आकार के आलू, उबले और १/२ इंच के क्यूब में कटे हुए

२ छोटे चम्मच चाट मसाला

३-४ हरी मिर्च, बारीक कटी हुई

२ बड़े चम्मच धनिया की हरी चटनी (नीचे देखें)

२ बड़े चम्मच डेट एंड टेमरिंड चटनी (पृष्ठ ९३)

४ बड़े चम्मच धनिया की ताज़ी पत्तियां, बारीक कटी हुई

१ १/२ छोटे चम्मच नींबू का रस

स्वादानुसार नमक

१ कप कॉर्न फ्लेक्स, कूटे हुए

कॉर्न *भेल*

१. तीन कप पानी उबाल लें। मकई के दाने उबालकर तीन-चार मिनट और उबालें। अतिरिक्त पानी छान कर निकाल दें। भेल मकई के गर्म या ठंडे दानों से बन सकती हैं।

२. मकई के दाने, प्याज, टमाटर, आलू, चाट मसाला, हरी मिर्च, हरी चटनी, इमली की मीठी चटनी और धनिया पत्ते एक साथ मिलाएं। नींबू का रस और नमक डालकर अच्छी तरह मिला लें।

३. अलग-अलग प्लेट में डाल लें। ऊपर से कॉर्न फ्लेक्स छिड़कें और जल्दी से परोसें।

***नोट :** धनिया की हरी चटनी के लिए एक कप धनिया की ताजा पत्तियां, १/२ कप पुदीना की ताज़ी पत्तियां, २-३ हरी मिर्च, स्वाद के मुताबिक काला नमक, १/४ छोटा चम्मच शक्कर और १ बड़ा चम्मच नींबू का रस डालकर नरम पेस्ट तैयार करें। जरूरत हो तो पानी मिलाएं।*

शाकाहारी | तैयारी १० मिनट | बनाने में ५ मिनट | परोसें ४ व्यक्तियों को

सामग्री

चीला के लिए

२ कप बेसन

१/४ छोटा चम्मच सोडा बायकार्बोनेट

स्वादानुसार नमक

१ छोटा चम्मच लाल मिर्च पाउडर

१ छोटा चम्मच अजवाइन

एक चुटकी हींग

२ बड़े चम्मच धनिया की ताज़ी पत्तियां, कटी हुई

भरावन के लिए

२ मध्यम आकार के प्याज, कटे हुए

१ कप ताज़ी मेथी, बारीक कटी हुई

८-१० ताज़े बटन मशरूम, स्लाइस किए हुए

२ १/२ कप स्किम्ड् दूध का पनीर, कद्दूकस किया हुआ

स्वादानुसार नमक

१/४ छोटा चम्मच काली मिर्च पाउडर

स्टफ्ड् मेथी

चीला

१. भरावन के लिए नॉन स्टिक कड़ाही में दो मिनट तक प्याज भूनें। मेथी डालकर और एक मिनट भूनें। मशरूम मिलाएं और पानी सूखने तक भूनते रहें। पनीर, नमक और काली मिर्च पाउडर मिला लें। अच्छी तरह मिलाकर ठंडा होने के लिए छोड़ दें।

२. एक कटोरे में बेसन, सोडा बायकार्बोनेट, नमक, लाल मिर्च पाउडर, अजवाइन, हींग, धनिया की पत्तियां पर्याप्त मात्रा में पानी में मिलाकर घोल तैयार कर लें। खयाल रखें के घोल में बेसन के ढेले न हों।

३. नॉन स्टिक पैन गर्म करें, एक कलछुल घोल पैन में डालें और अच्छी तरह फैला लें। चीला दोनों तरफ से पका लें।

४. भरावन की सामग्री को बीच में रखें और दोनों तरफ से चीला को मोड़ दें। इसे तुरंत परोसें।

शाकाहारी | तैयारी १० मिनट | बनाने में १५ मिनट | परोसें ४ व्यक्तियों को

कॉर्न भेल

स्टफ्ड मेथी चीला

वेजिटेबल
टाकोस्

सामग्री
टाकोस् के लिए

१/४ कप मकई का आटा

४ छोटे चम्मच मैदा

छोटी चुटकी भर हल्दी पाउडर

स्वादानुसार नमक

भरने के लिए

२ मध्यम आकार के आलू, छीले और चार टुकड़े किए हुए

१/२ कप हरे मटर, छीले हुए

५-६ फ्रेंच बींस, रेशे निकाले हुए

१ मध्यम आकार की गाजर, चार टुकड़ों में कटी हुई

१/४ छोटा चम्मच, हल्दी पाउडर

स्वादानुसार नमक

१ बड़ा प्याज, बारीक कटा हुआ

३-४ लहसुन की कलियां, बारीक कटी हुई

१ छोटा चम्मच लाल मिर्च पेस्ट

२ बड़े चम्मच टमाटर केचप

१/२ कप अंकुरित बीन्स

१ लेट्टस, टुकड़ा किया हुआ

१. टाकोस् की सारी सामग्रियां मिला लें। पर्याप्त पानी मिलाकर नर्म गूंध लें। गीले कपड़े से पन्द्रह मिनट तक ढंक दें।

२. सोलह बराबर हिस्सों में बेलकर पतली पूरियां तैयार कर लें। कांटे से इन पूरियों में छेद कर लें।

३. नॉन स्टिक तवा गर्म करें। पूरी को दोनों तरफ से सूखा भूनें। इसके गर्म रहते ही आधे चांद के आकार में रोलिंग पिन से मोड़ लें। ठंडा होने के लिए अलग रख दें।

४. आलू, मटर, फ्रेंच बींस और गाजर पर्याप्त पानी में हल्दी एवं नमक डालकर उबालें। पकने के बाद पानी निकाल कर मसल लें और ठंडा होने के लिए रख दें।

५. नॉन स्टिक पैन गर्म करें। दो मिनट के लिए प्याज भूनें। लहसुन मिलाएं और एक मिनट और भूनें।

७. मसली हुई सब्जियां मिला लें और पांच-आठ मिनट तक पकाएं। चूल्हे से उतार कर थोड़ी देर ठंडा होने दें।

८. परोसने के लिए टाकोस् में भरावन सामग्री डालें। उसे अंकुरित बीन्स और लेट्टस की पत्तियों से सजाएं और तुरंत परोसें।

शाकाहारी | तैयारी १५ मिनट | बनाने में ३० मिनट | परोसें ४ व्यक्तियों को

सामग्री

१/२ कप चावल का आटा, छाना हुआ

८ बड़े चम्मच स्किम्ड् दूध का दही, मथा हुआ

स्वादानुसार नमक

१ छोटा चम्मच हरी मिर्च पेस्ट

१/२ छोटा चम्मच अदरक पेस्ट

१/२ छोटा चम्मच सोडियम बायकार्बोनेट

२ केले के पत्ते, ५ वर्गइंच के गोल या चौकोर टुकड़ों में कटे हुए

भरावन के लिए

१/२ कप अंकुरित मूंग

स्वादानुसार नमक

३-४ काली मिर्च, कूटी हुई

१/४ छोटा चम्मच लाल मिर्च फ्लेक्स

राइस पंकी

१. कटोरे में चावल का आटा डालें। दही और नमक डालकर अच्छी तरह मिला लें। हरी मिर्च और अदरक का पेस्ट डालकर मिला लें। पर्याप्त पानी डालकर गाढ़ा घोल बना लें। सोडा बायकार्बोनेट डाल लें। ढक कर खमीर निकलने के लिए दो घंटे छोड़ दें।

२. भरावन की सामग्रियां मिला लें।

३. नॉन स्टिक तवा गर्म करें।

४. केले के पत्तों पर गाढ़ा घोल डालें। बीच में भरावन की सामग्रियां रखें और पत्ते को आधा मोड़ दें। तवे पर रखकर दो-तीन मिनट के लिए पकाएं। उलटकर दूसरी तरफ से भी पकाएं।

५. केले के पत्तों में पंकी परोसें।

शाकाहारी | तैयारी २ घंटे | बनाने में १५ मिनट | परोसें ४ व्यक्तियों को

पनीर फ्रैंकी

सामग्री

३०० ग्राम स्किम्ड् मिल्क पनीर, १/२ इंच के क्यूब में कटे हुए

१ कप आटा

स्वादानुसार नमक

३ मध्यम आकार के प्याज, कटे हुए

३ मध्यम आकार के टमाटर, कटे हुए

१ बड़ा चम्मच अदरक पेस्ट

१ बड़ा चम्मच लहसुन पेस्ट

१ छोटा चम्मच कश्मीरी लाल मिर्च पाउडर

१/२ छोटा चम्मच हल्दी पाउडर

२ छोटा चम्मच धनिया पाउडर (वैकल्पिक)

२ बड़े चम्मच नींबू का रस

परोसने के लिए

८ छोटे चम्मच हरी धनिया चटनी (पृष्ठ २९)

२ मध्यम आकार के प्याज, स्लाइस किए हुए

१. आटा और नमक मिला लें और पर्याप्त पानी मिलाकर गूंध लें। इसे ढक कर पंद्रह मिनट के लिए छोड़ दें।

२. नॉन स्टिक पैन गर्म करें। उसमें प्याज, टमाटर, अदरक पेस्ट, लहसुन पेस्ट, नमक, कश्मीरी लाल मिर्च पाउडर, हल्दी और धनिया पाउडर मिलाएं। सब कुछ मिलने तक पकाएं और गीलापन खत्म होने दें। नींबू का रस मिलाएं और आंच से पैन उतार दें।

३. पनीर के टुकड़े डालकर हल्के से मिलाएं। आठ बराबर हिस्सों में बांट लें और अलग रख लें।

४. गूंधे आटे को आठ बराबर हिस्सों में बांट लें और उसकी रोटी बना लें।

५. तवा गर्म करें और रोटी अच्छी तरह पका लें।

६. हर रोटी पर एक छोटा चम्मच हरी चटनी फैलाएं। पनीर का मिश्रण एक किनारे पर डालें। हरे प्याज की कतरनें डालकर उसे लपेट दें।

७. अल्यूमिनियम फॉयल में लपेट कर परोसें।

शाकाहारी | तैयारी १५ मिनट | बनाने में १५ मिनट | परोसें ४ व्यक्तियों को

पनीर फ्रैंकी

वेजिटेबल सींख कबाब्स्

वेजिटेबल सींख कबाब्स्

सामग्री

१ मध्यम आकार का आलू, उबला और मसला हुआ

१ मध्यम आकार की गाजर, कद्दूकस की हुई

१/२ कप हरे मटर, मसले हुए

५-६ फ्रेंच बीन्स, बारीक कटी हुई

१ छोटा चम्मच अदरक पेस्ट

१ छोटा चम्मच अमचूर

२ छोटा चम्मच चाट मसाला

३-४ हरी मिर्च, कटी हुई

१ १/२ बड़े चम्मच छुंदा

३ बड़े चम्मच भुना हुआ चना दाल पाउडर

१५० ग्राम पनीर, कद्दूकस किया हुआ

स्वादानुसार नमक

१. नॉन स्टिक कड़ाही गर्म करें। अदरक का पेस्ट डालकर आधे मिनट तक पकाएं। मसले आलू, गाजर, हरे मटर और फ्रेंच बीन्स मिलाएं और कुछ मिनटों तक चलाते रहें।

२. अमचूर, चाट मसाला, हरी मिर्च, छुंदा और भुना हुआ चना दाल पाउडर डालकर दो-तीन मिनट तक पकाएं।

३. पनीर डालें और अच्छी तरह मिला लें। नमक डालें और फिर से मिला लें।

४. आठ हिस्सों में बांट लें। एक-एक हिस्सा लेकर सींख में बेलनाकार में चिपका दें।

५. नॉन स्टिक तवा गर्म करें और उस पर सींख रखें। धीमी आंच पर सींख घुमाते हुए पकाएं। सुनहरा भूरा होने तक उसे पकाते रहें।

६. अपनी पसंद की चटनी के साथ गर्मागर्म परोसें।

शेफ की सलाह : *छुंदा कच्चे आम का खट्टा-मीठा आचार होता है। यह गुजरात में बहुत लोकप्रिय हैं।*

शाकाहारी | तैयारी १० मिनट | बनाने में २० मिनट | परोसें ४ व्यक्तियों को

दही
इडली

सामग्री

१ कप उकड़ा चावल

१/२ कप धुली उड़द दाल

स्वादानुसार नमक

२ कप स्किम्ड् दूध का दही, मथा हुआ

६ बड़े चम्मच शहद

२ बड़े चम्मच धनिया की हरी चटनी (पृष्ठ २९)

२ बड़े चम्मच डेट एंड टेमरिंड चटनी (पृष्ठ ९३)

१/४ छोटा चम्मच लाल मिर्च पाउडर

१/२ छोटा चम्मच जीरा पाउडर

२ बड़े चम्मच धनिया की ताज़ी पत्तियां, कटी हुई

१. चावल धोकर तीन कप पानी में दो-तीन घंटों के लिए भिगोएं।

२. दाल धोकर दो कप पानी में दो-तीन घंटे के लिए भिगोएं।

३. पानी निकालकर चावल को दरदरा पीस लें। पानी मिलाकर चावल का गाढ़ा घोल तैयार कर लें। दाल भी पीस लें और उसका भी चिकना गाढ़ा घोल तैयार कर लें।

४. दोनों घोल मिला लें। नमक छिड़के और हाथ से अच्छी तरह फेंटें। अब यह घोल एक बड़े बर्त्तन में डाल लें और अच्छी तरह बंदकर रात भर के लिए गर्म स्थान पर रात भर के लिए छोड़ दें ताकि खमीर उठे।

५. एक स्टीमर में पर्याप्त पानी गर्म करें।

६. इडली स्टैंड में मलमल का कपड़ा बिछाकर गड्ढ़ों में घोल भरें। इटली स्टैंड को स्टीमर में डाल दें। आठ से दस मिनट तक स्टीम करें।

७. इस बीच दही और शहद अच्छी तरह मिला लें।

८. इडली कटोरों में निकाल लें, मीठा दही, हरी चटनी और इमली चटनी इडली के ऊपर डालें। लाल मिर्च पाउडर और जीरा पाउडर छिड़कें।

९. धनिया की पत्तियों से सजाकर परोसें।

शाकाहारी

तैयारी १२ घंटे

बनाने में १५ मिनट

परोसें ४ व्यक्तियों को

सामग्री

६ मध्यम आकार के आलू

१ मध्यम आकार का प्याज, बारीक कटा हुआ

स्वादानुसार नमक

७-८ काली मिर्च, पिसी हुई

चुटकी भर जायफल पाउडर

२ बड़े चम्मच ताज़ा पार्सले, कटे हुए

हैश ब्राउन् पोटेटोस्

१. पर्याप्त पानी लेकर आलू उबालें। आलू थोड़े कच्चे ही रखें।

२. आलू छीलकर कद्दूकस कर लें।

३. नॉन स्टिक पैन गर्म करें। प्याज डालकर गुलाबी होने तक भूनें। आंच से उतार लें।

४. अवन को २००° सेंटीग्रेड/४००° फारेनहाइट/ गैस मार्क ६ पर पहले से गर्म कर लें।

५. कसे हुए आलू और भूने प्याज के साथ नमक, आधा हिस्सा पिसी काली मिर्च और जायफल पाउडर मिला लें।

६. अच्छी तरह मिलाकर बेकिंग ट्रे में उंगलियों से अच्छी तरह फैला लें।

७. बाकी पिसी काली मिर्च आलू पर छिड़क दें।

८. पहले से गर्म किए अवन में पंद्रह मिनट तक पकाएं या आलू हल्का भूरा होने तक बेक कर लें।

९. इसे परतदार काट लें और पार्सले से सजाकर गर्मागर्म परोसें।

सामग्री

१ कप सूजी

१ कप दही

स्वादानुसार नमक

१/४ छोटा चम्मच, सोडा बायकार्बोनेट

१ मध्यम आकार का प्याज, बारीक कटा हुआ

१ मध्यम आकार का हरा कैप्सिकम, बीज निकाला और बारीक कटा हुआ

लाल मिर्च पाउडर, स्वादानुसार

भूना जीरा, कूटा हुआ, स्वादानुसार

इन्स्टेन्ट् *उत्तपम*

१. एक कटोरे में सूजी, दही और नमक डालें। अच्छी तरह मिलाकर पंद्रह मिनट के लिए छोड़ दें।

२. आधा कप पानी और सोडा बायकार्बोनेट डालकर फिर से मिला लें।

३. नॉन स्टिक तवा गर्म करें और एक कलछुल घोल बीच में डालें। घोल को न फैलाएं।

४. प्याज, कैप्सिकम, लाल मिर्च पाउडर और जीरा, उत्तपम के ऊपर छिड़कें और धीमी आंच पर पकने दें।

५. जब निचली सतह पक जाए तो पलट दें और दूसरी सतह भी पका लें।

६. गर्मागर्म परोसें।

शाकाहारी | तैयारी १० मिनट | बनाने में २० मिनट | परोसें ४ व्यक्तियों को

सामग्री

- २०० ग्राम सूरन, एक इंच के टुकड़ों में कटा हुआ
- २ मध्यम आकार के आलू, १ इंच के टुकड़ों में कटे हुए
- ४ बड़े चम्मच चना दाल, भिगोया हुआ
- १ बड़ा गाजर, कद्दूकस किया हुआ
- १०-१२ फ्रेंच बीन्स, बारीक कटा हुआ
- १/४ कप हरे मटर, दरदरा पीसा हुआ
- १ छोटा चम्मच जीरा
- १ इंच अदरक, बारीक कटा हुआ
- २-३ हरी मिर्च, बारीक कटी हुई
- स्वादानुसार नमक
- २ बड़े चम्मच धनिया की ताज़ी पत्तियां, बारीक कटी हुई
- १/४ छोटा चम्मच हल्दी पाउडर
- १/२ छोटा चम्मच गरम मसाला पाउडर (पृष्ठ १०४)
- १/२ छोटा चम्मच लाल मिर्च पाउडर
- ५ छोटे चम्मच नींबू का रस

वेजिटेबल शामी

कबाब्स्

१. चना दाल छानकर एक पैन में रख लें। सूरन और आलू डालें। डेढ़ कप पानी मिला लें। ढक कर पानी सूखने तक पकाएं।

२. नॉन स्टिक पैन गर्म करें। जीरा डालकर हल्का भून लें। गाजर, फ्रेंच बींस, हरे मटर, अदरक, हरे मिर्च और नमक डालकर हल्की आंच पर दो मिनट तक चलाएं। एक प्लेट में डालकर ठंडा होने दें।

३. हल्की तली सब्जियों को चना दाल के साथ पीस लें।

४. धनिया पत्तियां, हल्दी पाउडर, गरम मसाला पाउडर, लाल मिर्च पाउडर और नींबू का रस डालकर अच्छी तरह मिला लें। स्वाद चखलें ।

५. तैयारी सामग्री को सोलह बराबर हिस्सों में बांट लें और उनकी गोलियां बना लें। फिर हथेली पर रखकर उन्हें दबाएं और उनके कबाब बना लें। एक घंटे के लिए फ्रिज में ठंडा कर लें।

६. नॉन स्टिक पैन में सुनहरा होने तक दोनों तरफ से कबाब पकाएं। धनिया और पुदीने की चटनी के साथ गर्मागर्म परोसें (पृष्ठ २९)।

शाकाहारी | तैयारी १० मिनट | बनाने में १५ मिनट | परोसें ४ व्यक्तियों को

सोया
बर्गर

सामग्री

१ कप सोया दाने

२ १/२ कप स्किम्ड् दूध

४-५ मध्यम आकार के आलू, उबले और मसले हुए

१ मध्यम आकार का प्याज, बारीक कटा हुआ

२ हरी मिर्च, बारीक कटी हुई

२ बड़े चम्मच धनिया की ताज़ी पत्तियां, कटी हुई

१/४ छोटा चम्मच लौंग पाउडर

१/४ दालचीनी पाउडर

१ १/२ चम्मच, नींबू का रस

स्वादानुसार नमक

३/४ ब्राउन् ब्रेड का चूरा

परोसने के लिए

४ बर्गर बन

४ बड़े चम्मच राई पेस्ट

४ बड़े चम्मच टमाटर केचप

१०-१२ लेट्टस की पत्तियां

१ मध्यम आकार का प्याज, छल्लेदार कटा हुआ

सोया
बर्गर

१. सोया के दाने दो कप दूध में पंद्रह मिनट के लिए भिगोएं। छानने के बाद अतिरिक्त दूध दबाकर निकाल लें। सोया के दानों को पीस लें।

२. बड़े कटोरे में सोया, मसले आलू, प्याज, हरी मिर्च, धनिया की पत्तियां, जीरा पाउडर, लाल मिर्च पाउडर, लौंग पाउडर, दालचीनी पाउडर, नींबू का रस और नमक मिलाएं।

३. चार बराबर हिस्सों में मिश्रण अलग कर लें। तीन इंच वर्ग में आधा इंच मोटी पैटी बना लें।

४. हर पैटी पर ब्रेड का चूरा लपेट दें।

५. नॉन स्टिक पैन में पैटी को दोनों तरफ से खस्ता होने तक पकाएं।

६. बर्गर बन को आड़ा आधा-आधा कर लें। निचले टुकड़े में राई का पेस्ट और ऊपर वाले हिस्से में टमाटर का केचप लगाएं। लेट्टस की दो या तीन पत्तियां निचले हिस्से में रखें। उसके ऊपर पैटी रखें और उसे छल्लेदार प्याज से सजा लें। फिर ऊपरी हिस्सा रखकर गर्मागर्म बर्गर परोसें।

शाकाहारी | तैयारी २० मिनट | बनाने में १५ मिनट | परोसें ४ व्यक्तियों को

सामग्री

५०० ग्राम स्किम्ड् मिल्क का पनीर

२ बड़े चम्मच बेसन

१/४ छोटा चम्मच हल्दी पाउडर

१/२ बड़ा चम्मच अदरक पेस्ट

१/२ बड़ा चम्मच लहसुन पेस्ट

१/२ छोटा चम्मच सफेद मिर्च का पाउडर

स्वादानुसार नमक

२ बड़े चम्मच नींबू का रस

१/२ छोटा चम्मच हरी इलायची का पाउडर

१/२ छोटा चम्मच लखनवी सौंफ पाउडर

एक-दो केसर के रेशे

१ कप गाढ़ा दही, पानी निकाला हुआ

२ मध्यम आकार के हरे कैप्सिकम, बीज निकाले, १ १/२ इंच के टुकड़ों मे कटे

१ १/२ छोटे चम्मच चाट मसाला

सौंफिया पनीर

टिक्का

१. पनीर धोकर आधे इंच मोटे, डेढ इंच चौड़ाई के वर्गाकार टुकड़े कर लें।

२. नॉन स्टिक पैन गर्म करें। बेसन डालें और धीमी आंच पर खुश्बू आने तक पकाएं। आंच से हटाकर हल्दी पाउडर मिला लें। ठंडा करके एक कटोरे में रख लें।

३. अदरक पेस्ट, लहसुन पेस्ट, सफेद मिर्च पाउडर, नमक, एक बड़ा चम्मच नींबू का रस, हरी इलायची पाउडर, सौंफ पाउडर, केसर और दही मिला लें। अच्छी तरह मिलाकर गाढ़ा घोल तैयार कर लें।

४. पनीर को इस घोल में डाल दें और कम से कम एक घंटा मैरीनेट होने दें।

५. सींख में पनीर और कैप्सिकम के टुकड़े एक के बाद एक करके लगाएं।

६. तंदूर या कोयले के चूल्हे पर पांच मिनट तक सुनहरा होने तक पकाएं।

७. चाहे तो ग्रिल या अवन में भी टिक्का को पका सकते हैं। इसके लिए अवन को २२०° सेंटीग्रेड/४२५° फारेनहाइट/गैस मार्क ७ पर गर्म करें और दोनों तरफ से तीन मिनट पकाएं।

८. सींख से निकाल लें और चाट मसाला तथा बचा नींबू का रस छिड़क दें। अपनी पसंद की चटनी के साथ परोसें।

शाकाहारी | तैयारी २० मिनट | बनाने में २० मिनट | परोसें ४ व्यक्तियों को

पातरा

सामग्री

८ अरबी पत्ते

१ १/२ कप बेसन

चुटकी भर हींग

२ छोटे चम्मच धनिया पाउडर

२ छोटे चम्मच जीरा पाउडर

१ छोटा चम्मच लाल मिर्च पाउडर

१ छोटा चम्मच हल्दी पाउडर

२ छोटे चम्मच तिल

१/२ छोटा चम्मच सोडा बायकार्बोनेट

स्वादानुसार नमक

२ छोटे चम्मच हरी मिर्च पेस्ट

२ छोटे चम्मच अदरक पेस्ट

१/४ छोटा चम्मच गरम मसाला पाउडर

४ बड़े चम्मच गुड़, कद्दूकस किया हुआ

२ बड़े चम्मच इमली का गूदा

१/४ कप नारियल कद्दूकस किया हुआ

२ बड़े चम्मच धनिया की ताज़ी पत्तियां, बारीक कटी हुई

१. पत्तों के डंठल निकाल दें। धोएं, सुखाएं और रख लें।

२. बड़े कटोरे में बेसन, हींग, धनिया पाउडर, जीरा पाउडर, लाल मिर्च पाउडर और हल्दी पाउडर मिलाएं। इसमें तिल, सोडा बायकार्बोनेट, नमक, हरी मिर्च पेस्ट, अदरक पेस्ट, गरम मसाला पाउडर, गुड़ और इमली का गूदा डाल लें। तीन बड़े चम्मच पानी डालकर अच्छी तरह मिला लें।

३. एक पत्ते के पीछे के हिस्से पर पेस्ट लगाएं और उसके ऊपर दूसरा पत्ता डालकर अच्छी तरह पेस्ट फैला दें। मोड़कर छह इंच का रोल बना लें। खयाल रखें कि पेस्ट बाहर न आए।

४. पेस्ट डालकर बाकी पत्तों के भी रोल बना लें।

५. स्टीमर में पर्याप्त पानी गर्म करें। छिद्रदार प्लेट पर रोल रखकर तीस से चालीस मिनट तक स्टीम करें। चाकू लगाकर जांच सकते हैं कि पत्ता पका है या नहीं। (अगर चाकू आसानी से साफ निकल आए तो पातरा पक गया है।) स्टीमर से निकालकर ठंडा होने के लिए रख दें।

६. ठंडा होने पर आधे-आधे इंच के टुकड़े कर लें।

७. नारियल और धनिया पत्तियों से सजाकर गर्मागर्म परोसें।

शेफ की सलाह : *अरबी के पत्ते खरीदते समय खयाल रखें कि डंठल लगभग काले हों। हल्के रंग के डंठल के पत्तों से खुजली हो सकती है।*

शाकाहारी

तैयारी २० मिनट

बनाने में ४० मिनट

परोसें ४ व्यक्तियों को

बेक्ड् समोसास्

सामग्री
लपेटने के लिए

१ कप आटा

१/२ छोटा चम्मच अजवाइन

स्वादानुसार नमक

भरावन के लिए

१/२ कप छीले हुए मटर

२ मध्यम आकार के आलू, १/२ इंच के टुकड़ों में कटे हुए

१ छोटा चम्मच जीरा

१ इंच अदरक, बारीक कटा हुआ

३-४ हरी मिर्च, बारीक कटी हुई

१ छोटा चम्मच लाल मिर्च पाउडर

१ छोटा चम्मच अमचूर पाउडर

१ छोटा चम्मच गरम मसाला पाउडर (पृष्ठ १०४)

स्वादानुसार नमक

२ बड़े चम्मच धनिया की ताज़ी पत्तियां बारीक कटी हुई

१. लपेटने की सारी सामग्रियां मिला लें। आधा कप पानी डालकर गूँध लें। गीले कपड़े से दस-पंद्रह मिनट के लिए ढंक दें।

२. हरे मटर एक कप नमकीन पानी में नर्म होने तक उबालें। ठंडे पानी से धोकर छान लें।

३. नॉन स्टिक पैन गर्म करें और जीरा को भून लें। अदरक, हरी मिर्च, आलू, लाल मिर्च पाउडर, अमचूर, गरम मसाला पाउडर और स्वादानुसार नमक डालें और अच्छी तरह मिला लें।

४. मिश्रण पर हल्का पानी छिड़के, ढककर आलू गलने तक पकाएं।

५. पके हुए हरे मटर मिलाएं और धीमी आंच पर पांच मिनट तक पकाएं। धनिया पत्तियां मिलाएं ।

६. मिश्रण ठंडा कर लें और आठ बराबर हिस्सों में बांट लें।

७. अवन १८०° सेंटीग्रेड/३५०° फारेनहाइट/गैस मार्क ४ पर पहले गर्म कर लें।

८. गूंधा आटा चार हिस्सों में बांट लें और उन्हें अंडाकार बेल लें।

९. प्रत्येक को दो हिस्सों में काट लें। किनारे को पानी में भिगो लें। प्रत्येक आधे हिस्से को तिकोना मोड़ लें और उसमें आलू एवं मटर का मिश्रण भर दें। गीले किनारे को चिपका दें।

१०. बेकिंग ट्रे पर समोसे सजा लें और बीस से पच्चीस मिनट तक बेक करें। पांच-पांच मिनट पर समोसे को पलटते रहें।

११. इमली की चटनी के साथ गर्मागर्म परोसें (पृष्ठ ९३)।

शाकाहारी | तैयारी १५ मिनट | बनाने में ४० मिनट | परोसें ४ व्यक्तियों को

ग्रिल्ड
सॉल्ट एंड पेप्पर टोफू

बेक्ड्
समोसास्

सामग्री

२०० ग्राम टोफू, १/२ इंच के क्यूब में कटे हुए

स्वादानुसार खड़ा नमक

२ हरे प्याज, बारीक कटे हुए

१ इंच अदरक, बारीक कटा हुआ

२ इंच सेलरी स्टॉक, बारीक कटा हुआ

२ हरी मिर्च, बारीक कटी हुई

३-४ लहसुन की कलियां, कटी हुईं

१/२ छोटा चम्मच काली मिर्च पाउडर

२ हरे प्याज की पत्तियां, बारीक कटी हुई

ग्रिल्ड सॉल्ट एंड पेप्पर टोफू

१. टोफू पर नमक छिड़क कर हल्के से मिला लें।

२. नॉन स्टिक पैन गर्म कर लें। जब वो तेज़ गर्म हो जाए तो टोफू डालें। टोफू तुरंत भूरा हो जाएगा। पलटकर दुसरी तरफ भी पका लें।

३. टोफू निकाल लें। हरा प्याज, अदरक, सेलरी, हरी मिर्च और लहसुन उसी पैन में डालकर तेज आँच कर हल्का तलें।

४. भूरे टोफू डालें। थोड़ा नमक और काली मिर्च पाउडर मिलाएं और उलट-पुलट कर मिलालें। पैन आँच से उतार लें।

५. हरे प्याज की कटी पत्तियां छिड़कें और मिलाकर तुरंत परोसें।

शाकाहारी | तैयारी १० मिनट | बनाने में ५ मिनट | परोसें ४ व्यक्तियों को

सामग्री

२ कप मकई के ताज़ा दाने, उबले हुए

१ छोटा चम्मच लाल मिर्च फ्लेक्स

१ हरी मिर्च, कटी हुई

१ बड़ा चम्मच नींबू का रस

१ छोटा हरा कैप्सिकम, बीज निकाला और कटा हुआ

१ छोटा लाल कैप्सिकम, बीज निकाला और कटा हुआ

स्वादानुसार नमक

३-४ काली मिर्च, कूटी हुई

२ बड़े चम्मच धनिया की ताज़ी पत्तियां, बारीक कटी हुई

हॉट चिली कॉर्न

१. नॉन स्टिक पैन गर्म करें। उबले हुए मकई के दाने, लाल मिर्च फ्लेक्स और हरी मिर्च मिलाकर एक मिनट के लिए पकाएं।

२. नींबू का रस, हरा कैप्सिकम, लाल कैप्सिकम और नमक मिलाएं। पैन को ढक कर सब्जियों को दो मिनट तक पकाये। अच्छी तरह मिला लें।

३. कूटी हुई काली मिर्च डालें और धनिया की पत्तियों से सजाकर परोसें।

शाकाहारी | तैयारी १० मिनट | बनाने में ५ मिनट | परोसें ४ व्यक्तियों को

सामग्री

- ४० छोटे आलू (बेबी पोटेटो)
- १/२ छोटा चम्मच हल्दी पाउडर
- स्वादानुसार नमक
- १ कप धनिया की ताज़ी पत्तियां, बारीक कटी हुई
- १/४ कप पुदीने की ताज़ी पत्तियां, कटी हुई
- १०-१२ हरी मिर्च, कटी हुई
- ४-६ लहसुन की कलियां, मोटी कटी हुई
- २ इंच अदरक कटा हुआ
- ४ छोटे चम्मच नींबू का रस
- २ छोटे चम्मच जीरा
- २ छोटे चम्मच धनिया पाउडर
- १ छोटा चम्मच जीरा पाउडर
- १/२ कप स्किम्ड दूध का दही
- १ छोटा चम्मच तिल, भुना हुआ

चटनी वाले *आलू*

१. नमक और हल्दी मिलाकर आलू को आधा उबाल लें। छानकर ठंडा करें और बिना छीले दो फांक कर लें।

२. चटनी के लिए धनिया की पत्तियां, पुदीने की पत्तियां, हरी मिर्च, लहसुन और अदरक, नमक एवं नींबू के रस के साथ पेस्ट बना लें।

३. नॉन स्टिक पैन गर्म करें और खुश्बू आने तक जीरा भूनें। दो फांक किए आलू, धनिया पाउडर, जीरा पाउडर, बचा हुआ हल्दी पाउडर डालकर अच्छी तरह मिला लें। आधा कप पानी डालें और धीमी आंच पर आलू गलने तक पकाएं।

४. चटनी डालें। आधा कप पानी डालकर अच्छी तरह मिला लें। नमक डालकर तीन-चार मिनट के लिए पकाएं। दही डालकर मिला लें। मिश्रण को उबलने तक पकाएं और फिर आंच से उतार लें।

५. भुने तिल छिड़कें और गर्मागर्म परोसें।

शाकाहारी | तैयारी १५ मिनट | बनाने में १५ मिनट | परोसें ४ व्यक्तियों को

चटनी वाले आलू

वेजिटेबल स्ट्यू विद् गार्लिक ब्रेड

सामग्री

२ मध्यम आकर की गाजर, १ इंच के टुकड़ों में कटी हुई

$^1/_4$ छोटा फूल गोभी, टुकड़े किए हुए

$^1/_4$ कप हरे मटर, छीले हुए

२ मध्यम आकार के आलू, १ इंच के टुकड़ों में कटे हुए

१ मध्यम ज्युकिनी, १ इंच के टुकड़ों में कटी हुई

१ इंच अदरक, स्लाइस किया हुआ

३-४ लौंग

८-१० काली मिर्च

१ छोटा चम्मच जीरा

१ मध्यम आकार का प्याज, स्लाइस किया हुआ

४$^1/_2$ कप वेजिटेबल स्टॉक (पृष्ठ १०४)

स्वादानुसार नमक

१ सेलरी डंठल, १ इंच के टुकड़ों में कटी हुई

३-४ काली मिर्च, कूटी हुई

५ पालक की पत्तियां, कटी हुई

१ गार्लिक ब्रेड लोफ, स्लाइस किया हुआ

वेजिटेबल स्ट्यू

विद् गार्लिक ब्रेड

१. उबले पानी में गाजर, फूल गोभी और मटर अलग-अलग डालकर निकाल लें और अलग रख लें।

२. अदरक, लौंग, काली मिर्च और जीरा मलमल के कपड़े में बांधकर पोटली बनाकर रख लें।

३. नॉन स्टिक पैन गर्म करें। प्याज डालें और हल्का भून लें। वेजिटेबल स्टॉक डालकर उबाल लें।

४. मसाले की पोटली उबलते स्टॉक में डालें और नमक मिला लें।

५. आलू मिलाएं। ढक कर मध्यम आंच पर पकाएं। आलू पक जाने पर पोटली निकाल लें और आलू मसल कर स्टॉक को गाढ़ा बना लें।

६. सेलरी, ज्युकिनी, गाजर, गोभी और हरे मटर डालकर धीमी आंच पर दो मिनट तक पकाएं। नमक चख लें और कूटी हुई काली मिर्च मिला लें।

७. पालक के पत्ते डालकर अच्छी तरह गिला लें।

८. गार्लिक ब्रेड स्लाइस को हल्का टोस्ट कर लें और गर्म स्ट्यू के साथ परोसें।

शाकाहारी | तैयारी २० मिनट | बनाने में २० मिनट | परोसें ४ व्यक्तियों को

सामग्री

१ कप हरे मटर, छीले हुए

२०० ग्राम पनीर, १/२ इंच के टुकड़ों में कटा हुआ

३/४ छोटा चम्मच जीरा

२ बड़े आकार के प्याज, बारीक कटे हुए

१ बड़ा चम्मच अदरक-लहसुन पेस्ट

२ हरी मिर्च, बारीक कटी हुई

१/४ छोटा चम्मच हल्दी पाउडर

१ छोटा चम्मच लाल मिर्च पाउडर

१ छोटा चम्मच धनिया पाउडर

२ बड़े आकार के टमाटर, प्यूरी किए हुए

स्वादानुसार नमक

१/४ छोटा चम्मच गरम मसाला पाउडर

१ बड़ा चम्मच धनिया की ताज़ी पत्तियां, बारीक कटी हुई

मटर पनीर

१. नॉन स्टिक पैन गर्म करें और जीरा डाल दें। जीरा रंग बदलने लगे तो प्याज, अदरक-लहसुन पेस्ट मिला लें। हल्का भूरा होने तक पकाएं। हरी मिर्च, हल्दी पाउडर, लाल मिर्च पाउडर और धनिया पाउडर डालकर एक तिहाई कप पानी डालें और अच्छी तरह मिला लें।

२. टमाटर की प्यूरी और नमक एक कप पानी के साथ मिलाएं और दो मिनट तक पकाएं। हरा मटर डालकर मिला लें। पांच मिनट तक या मटर पकने तक पकाएं।

३. पनीर के टुकड़े डालें और गरम मसाला मिला लें। हल्के से चला लें।

४. धनिये की पत्तियों से सजाकर गर्मागर्म परोसें।

शाकाहारी | तैयारी १० मिनट | बनाने में १० मिनट | परोसें ४ व्यक्तियों को

सामग्री

- १/२ कप मकई के दाने, उबले हुए
- २ पालक के बड़े गुच्छे (६०० ग्राम प्रत्येक)
- २ मध्यम आकार के प्याज, बारीक कटे हुए
- १ इंच अदरक, कद्दूकस किया हुआ
- २ हरी मिर्च, बारीक कटी हुई
- चुटकी भर नमक
- १ छोटा चम्मच लाल मिर्च पाउडर
- १ छोटा चम्मच अमचूर
- स्वादानुसार नमक
- १/४ कप स्किम्ड् दूध का दही
- १ चम्मच कसूरी मेथी, कूटी हुई
- १ इंच ताजा अदरक, लंबे, पतले कटे हुए

मकई

पालक

१. पर्याप्त उबलते पानी में पालक को एक मिनट तक रखें। छानकर ब्लेंडर में प्यूरी कर लें।

२. नॉन स्टिक पैन गर्म करें। प्याज, अदरक और हरी मिर्च दो से तीन मिनट तक भून लें।

३. हल्दी पाउडर, लाल मिर्च पाउडर, अमचूर और नमक डालें। एक चौथाई कप पानी मिलाकर एक-दो मिनट तक पकाएं।

४. दही डालकर अच्छी तरह मिला लें। पालक की प्यूरी, मकई के दाने और नमक मिलाकर दो मिनट उबालें।

५. गरम मसाला पाउडर और कसूरी मेथी मिलाएं। चलाकर आंच से उतार लें।

६. अदरक के पतले रेशों से सजाएं और रोटी के साथ गर्मागर्म परोसें।

शाकाहारी | तैयारी १५ मिनट | बनाने में १० मिनट | परोसें ४ व्यक्तियों को

थाई ग्रीन करी
विद् वेजीटेबल्स

थाई ग्रीन करी

विद् वेजीटेबल्स

सामग्री

१ मध्यम आकार की गाजर, चौकोर कटी हुई

$^{१}/_{२}$ छोटी फूल गोभी, छोटे टुकड़ों में कटी हुई

२-३ छोटे बैंगन

१ मध्यम आकार का आलू, $^{१}/_{२}$ इंच के क्यूब में कटा हुआ

५ लेमन ग्रास डंठल

१ छोटा चम्मच नींबू का रस

स्वादानुसार नमक

$^{३}/_{४}$ कप ताज़े नारियल का दूध

२-३ बेसिल की पत्तियां

ग्रीन करी पेस्ट के लिए

१० हरी मिर्च

३ सांभर प्याज

९ लहसुन की कलियां

१ इंच गलंगल

३ इंच लेमन ग्रास डंठल

$^{१}/_{४}$ छोटा चम्मच नींबू का छिलका, कद्दूकस किया हुआ।

धनिया के जड़ का छोटा गुच्छा

२ छोटे चम्मच जीरा

स्वादानुसार नमक

१. ग्रीन करी पेस्ट बनाने के लिए हरी मिर्च, सांभर प्याज, लहसुन, गलंगल, लेमन ग्रास, नींबू का छिल्का, धनिया के जड़ , धनिया और जीरा में नमक मिलाकर पेस्ट तैयार कर लें।

२. उबलते पानी में सब्जियों को दो मिनट तक रखकर उन्हें ठंडे पानी से धो लें। लेमन ग्रास मलमल के कपड़े में बांध लें और उसे हल्के से कूट दें।

३. नॉन स्टिक पैन गर्म करें। ग्रीन करी पेस्ट डालकर एक मिनट तक भूनें। धोयी हुई सब्जियां और नींबू का रस डालें और लगातार चलाते हुए तीन-चार मिनट तक पकाएं।

४. तीन कप पानी मिला लें और पकाते रहें। लेमन ग्रास डालें और तीन-चार मिनट तक पकाएं ताकि करी में खुश्बू आ जाए।

५. लेमन ग्रास निकाल लें। नमक और नारियल का दूध मिलाएं। एक मिनट तक पकाएं।

६. बेसिल की पत्तियां डालकर आंच से उतार लें। गर्मागर्म परोसें।

शेफ की सलाह : *गलंगल एक प्रकार का अदरक होता है जो थाई कुकिंग में इस्तेमाल होता है। अगर यह न मिले तो अदरक इस्तेमाल करें।*

शाकाहारी | तैयारी २० मिनट | बनाने में १५ मिनट | परोसें ४ व्यक्तियों को

सामग्री

२० छोटे आलू, बिना छिले हुए

१/२ कप स्किम्ड् दूध का दही

चुटकी भर हींग

२ छोटे चम्मच लहसुन पेस्ट

२ छोटे चम्मच अदरक पेस्ट

२ छोटे चम्मच लाल मिर्च पाउडर

१/२ छोटा चम्मच हल्दी पाउडर

२ छोटे चम्मच धनिया पाउडर

१ छोटा चम्मच जीरा पाउडर

१/२ छोटा चम्मच गरम मसाला पाउडर (पृष्ठ १०४)

स्वादानुसार नमक

२ बड़े प्याज, बारीक कटे हुए

२ बड़े चम्मच ताज़ी धनिया पत्तियां, बारीक कटी हुई

बेबी पोटेटोस्

इन् स्पाइसी योगर्ट ग्रेवी

१. पर्याप्त पानी में आलू को अधपका उबाल लें। छानकर अलग रख लें।

२. दही, हींग, लहसुन पेस्ट, अदरक पेस्ट, लाल मिर्च पाउडर, धनिया पाउडर, जीरा पाउडर, गरम मसाला पाउडर और नमक एक साथ मिला लें। छोटे आलुओं को कांटे से छेद कर लें और मिश्रण में डालकर आधे घंटे तक मैरीनेट होने दें।

३. नॉन स्टिक पैन गर्म करें और इसमें हल्का भूरा होने तक प्याज भूनें। मेरीनेड के साथ आलू डालें और मिला लें। मिश्रण उबलने लगे तो आंच धीमी कर दें और शोरबा गाढ़ा होने तक पकाएं। शोरबा गाढ़ा होने पर आलू से चिपकने लगेगा।

४. धनिया की पत्तियों से सजाएं और रोटी के साथ गर्मागर्म परोसें।

शाकाहारी | तैयारी ३० मिनट | बनाने में १० मिनट | परोसें ४ व्यक्तियों को

सामग्री

१ कप मिक्स्ड् अंकुर (मूंग, मटकी, चना आदि)

१/२ छोटा चम्मच राई

६-८ कढी पत्ते

२ मध्यम आकार के प्याज, बारीक कटे हुए

१/२ छोटा चम्मच हल्दी पाउडर

१/२ छोटा चम्मच लाल मिर्च पाउडर

१ छोटा चम्मच गोडा मसाला (पृष्ठ १०४)

१ छोटा चम्मच गुड़, कद्दूकस किया हुआ

स्वादानुसार नमक

२ बड़े चम्मच धनिया की ताज़ी पत्तियां, बारीक कटी हुई

२ बड़े चम्मच नारियल, कतरा हुआ

मसाला के लिए

६-७ लहसुन की कलियां

३-४ हरी मिर्च, कटी हुई

१ छोटा चम्मच जीरा, भूना हुआ

१/४ कप नारियल, कतरा हुआ

मिक्स्ड् स्प्राउट्स

उसल

१. मसाले के पेस्ट के लिए लहसुन, हरी मिर्च, जीरा और नारियल के कतरों को पीसकर मुलायम पेस्ट बना लें। जरूरत हो तो थोड़ा पानी डाल लें।

२. नॉन स्टिक पैन गर्म करें। राई दाने डालें। वे फूटने लगें तो कढी पत्ता और प्याज मिलाएं। चलाते हुए प्याज के हल्का भूरे होने तक पकाएं।

३. मसाले का पेस्ट मिलाएं और मध्यम आंच पर तीन-चार मिनट तक पकाएं।

४. हल्दी पाउडर, लाल मिर्च पाउडर, गोडा मसाला, गुड और नमक डालकर अच्छी तरह मिला लें।

५. मिक्स्ड् अंकुर डालें, चलाएं और अंकुर डूबने लायक पानी डालें।

६. उबालें और चलाते हुए मध्यम आंच पर अंकुरों के नर्म होने तक पकाएं।

७. धनिया की पत्तियों और नारियल से सजाकर गर्मागर्म परोसें।

शाकाहारी | तैयारी १० मिनट | बनाने में १५ मिनट | परोसें ४ व्यक्तियों को

सामग्री

- २०० ग्राम पनीर
- ८-१० काली मिर्च
- ५ हरी इलायची
- २ इंच दालचीनी
- १० लौंग
- १ बड़ा चम्मच अदरक पेस्ट
- १ बड़ा चम्मच लहसुन पेस्ट
- ४-६ हरी मिर्च, कटी हुई
- २ कप टमाटर प्यूरी
- १ छोटा चम्मच कश्मीरी लाल मिर्च पाउडर
- १ छोटा चम्मच गरम मसाला पाउडर (पृष्ठ १०४)
- स्वादानुसार नमक
- २ बड़े चम्मच शहद
- १ छोटा चम्मच कसूरी मेथी

पनीर

टमाटर मसाला

१. पनीर को एक इंच के क्यूब या तिकोने में काटें।

२. नॉन स्टिक पैन गर्म करें। काली मिर्च, दालचीनी, हरी इलायची और लौंग मिलाएं। खुशबू आने तक इन्हें भूनें। अदरक पेस्ट, लहसुन पेस्ट, हरी मिर्च और तीन बड़े चम्मच पानी मिलाएं। अच्छी तरह से मिलाकर दो मिनट तक पकाएं।

३. टमाटर प्यूरी, लाल मिर्च पाउडर, गरम मसाला पाउडर, नमक और तीन कप पानी मिलाएं। उबलने के बाद आंच धीमी कर दें और दस मिनट तक पकने दें।

४. शहद डालकर अच्छी तरह मिला लें। शोरबा छान लें और फिर से गर्म करें। कूटी हुई कसूरी मेथी मिलाकर चलाएं। स्वाद के मुताबिक नमक डालें और मिलाएं।

५. पनीर डालें और तीन-चार मिनट तक पकाएं।

६. गर्मागर्म परोसें।

शाकाहारी | तैयारी २० मिनट | बनाने में २० मिनट | परोसें ४ व्यक्तियों को

सामग्री

१ कप सोया का चूरा

१ कप छीले हुए हरे मटर

१ १/२ कप स्किम्ड् दूध

२ मध्यम आकार के प्याज, बारीक कटे हुए

८ लहसुन की कलियां, बारीक कटी हुई

१ इंच अदरक, कद्दूकस किया हुआ

२ हरी मिर्च, कटी हुई

१ छोटा चम्मच धनिया पाउडर

१ छोटा चम्मच जीरा पाउडर

३/४ छोटा चम्मच लाल मिर्च पाउडर

४ छोटा चम्मच धनिया की ताज़ी पत्तियां, बारीक कटी हुई

स्वादानुसार नमक

१ छोटा चम्मच गरम मसाला पाउडर (पृष्ठ १०४)

१ बड़ा चम्मच नींबू का रस

सोया कीमा

मटर

१. सोया के चूरा को दूध में आधे घंटे के लिए भिगोएं।

२. नॉन स्टिक पैन गर्म करें। प्याज डालें और भूरा होने तक भूनें। लहसुन मिलाएं और एक मिनट भूनें।

३. अदरक, हरी मिर्च, धनिया पाउडर, जीरा पाउडर, लाल मिर्च पाउडर और दो बड़े चम्मच पानी मिलाएं। चलाते हुए दो मिनट तक पकाएं।

४. हरे मटर और एक चौथाई पानी अच्छी तरह मिला लें। ढक कर मटर गलने तक पकाएं।

५. दूध के साथ सोया का चूरा डालें और लगभग सूखने तक पकाएं।

६. धनिया की पत्तियां, नमक, गरम मसाला पाउडर और नींबू का रस डालकर अच्छी तरह मिला लें।

७. गर्मागर्म परोसें।

शाकाहारी | तैयारी ६० मिनट | बनाने में २० मिनट | परोसें ४ व्यक्तियों को

सोया क़ीमा
मटर

गट्टा
करी

सामग्री

गट्टा के लिए

- २ १/२ कप बेसन, छाना हुआ
- ३ बड़े चम्मच स्किम्ड् दूध का दही
- १/२ छोटा चम्मच जीरा
- १/२ छोटा चम्मच लाल मिर्च पाउडर
- १/२ छोटा चम्मच हल्दी पाउडर
- स्वादानुसार नमक
- चुटकी भर सोडा बायकार्बोनेट

शोरबा के लिए

- २ मध्यम आकार के प्याज
- १/२ इंच अदरक
- १ १/२ कप स्किम्ड् दूध का दही
- १ छोटा चम्मच लाल मिर्च पाउडर
- २ छोटे चम्मच धनिया पाउडर
- १/२ छोटा चम्मच हल्दी पाउडर
- २ छोटा चम्मच जीरा
- चुटकी भर हींग
- स्वादानुसार नमक
- १/२ छोटा चम्मच गरम मसाला पाउडर (पृष्ठ १०४)
- २ बड़े चम्मच धनिया की ताज़ी पत्तियां, बारीक कटी हुई

गट्टा करी

१. गट्टे के लिए सभी सामग्रियां मिला लें। पर्याप्त पानी मिलाकर कड़ा गूंध लें। छह बराबर हिस्सों में बांटें और बेलनाकार कर लें।

२. पांच कप उबलते पानी में दस से पंद्रह मिनट तक गट्टा पकाएं। छान लें और बचा पानी शोरबे के लिए रख लें। गट्टे के एक इंच के आड़े टुकड़े कर लें।

३. प्याज काटें और आधा कप पानी में उबाल लें। ठंडा कर अदरक के साथ बारीक पेस्ट बना लें।

४. दही को लाल मिर्च पाउडर, धनिया पाउडर और हल्दी पाउडर के साथ फेंट लें।

५. नॉन स्टिक पैन गर्म करें। जीरा और हींग डालें। जीरा के रंग बदलने तक भूनते रहें।

६. प्याज का पेस्ट मिलाएं और हल्का गुलाबी होने तक धीमी आंच पर पकाएं।

७. दही का मिश्रण डालें और पांच मिनट तक धीमी आंच पर उबालें।

८. गट्टा, नमक, और गट्टा उबाले हुए बचा पानी डालें। शोरबा गाढ़ा होने तक उबालें। गरम मसाला पाउडर डालें और स्वाद चख लें।

९. धनिया पत्तियों से सजाएं और गर्मागर्म परोसें।

शाकाहारी | तैयारी १५ मिनट | बनाने में ३० मिनट | परोसें ४ व्यक्तियों को

सामग्री

२ (प्रत्येक ६०० ग्राम) पालक के बड़े गुच्छे

४ मध्यम आकार के आलू

४ मध्यम आकार के प्याज

८-१० लहसुन की कलियां, बारीक कटी हुई

स्वादानुसार नमक

७-८ काली मिर्च, कूटी हुई

१/२ छोटा चम्मच टबैस्को सॉस

३/४ कप स्किम्ड् दूध

चुटकी भर जायफल पाउडर

१/२ कप ब्राउन् ब्रेड का चूरा

स्पिनच
एंड पोटेटो बेक्

१. उबले पानी में एक मिनट के लिए पालक रखें ताकि उसका हरापन खत्म हो जाए। उबले पानी से निकालकर ठंडे पानी से धो लें और काट लें।

२. दो आलू उबाल लें। छीलकर मसल लें। बाकी दो आलुओं को छीलकर उनके पतले स्लाइस कर लें। इन्हें भी दो-तीन मिनट उबले पानी में डालकर निकाल लें और रख लें। दो प्याज काट लें और बाकी दो प्याज छल्लेदार स्लाइस कर लें।

३. अवन को १८०° सेंटीग्रेड/३५०° फारेनहाइट / गैस मार्क ४ पर पहले से गर्म कर लें।

४. नॉन स्टिक पैन गर्म करें और कटे प्याज एवं लहसुन हल्का भूरा होने तक भूनें। पालक को हथेलियों के बीच दबाकर अतिरिक्त पानी निकाल दें। थोड़ी देर तक पकाएं ताकि पानी बिल्कुल न रहे। नमक, आधी कूटी हुई काली मिर्च और टबैस्को सॉस मिलाकर अलग रख लें।

५. एक और नॉन स्टिक पैन गर्म करें। छल्लेदार प्याज और आलू के स्लाइस को उलट-पुलट लें। नमक, बाकी बची काली मिर्च डालें और अच्छी तरह मिला लें।

६. मसले हुए आलू, दूध और जायफल का पाउडर मिलाकर पेस्ट तैयार कर लें। इसे स्टार नोजल के पाइपिंग बैग में डालकर रख लें।

७. अवन प्रूफ डिश में पालक, आलू और प्याज के मिश्रण एक-एक कर बिछाएं। ऊपरी परत के ऊपर ब्राउन् ब्रेड का चूरा छिड़कें। मसले आलू सबसे ऊपर पाइप से डालें और तीस मिनट के लिए बेक करें।

८. गर्मागर्म परोसें।

शाकाहारी | तैयारी २० मिनट | बनाने में ४० मिनट | परोसें ४ व्यक्तियों को

सामग्री

कोफ्ता के लिए

- १ छोटी (२५० ग्राम) लौकी, छीली और कद्दूकस की हुई
- २ (प्रत्येक ३५० ग्राम) पालक के गुच्छे
- स्वादानुसार नमक
- ३ मध्यम आकार के आलू, उबले और मसले हुए
- २-३ हरी मिर्च, बारीक कटी हुई
- १ बड़ा चम्मच किशमिश
- ३ बड़े चम्मच चावल का दानेदार पाउडर
- १/२ छोटा चम्मच चाट मसाला
- १ छोटा चम्मच अदरक पेस्ट
- १ छोटा चम्मच लहसुन पेस्ट
- १ बड़ा प्याज, बारीक कटा हुआ

करी के लिए

- १ छोटा चम्मच अदरक पेस्ट
- १ छोटा चम्मच लहसुन पेस्ट
- १ बड़ा प्याज, कटा हुआ
- १ छोटा चम्मच लाल मिर्च पाउडर
- १/४ छोटा चम्मच हल्दी पाउडर
- १/२ छोटा चम्मच गरम मसाला पाउडर (पृष्ठ १०४)
- १ छोटा चम्मच कसूरी मेथी, भूनी और कूटी हुई
- ५-६ मध्यम आकार के टमाटर, प्यूरी किए हुए
- १ १/२ बड़ा चम्मच शहद
- २ बड़े चम्मच धनिया की ताज़ी पत्तियां, बारीक कटी हुई

स्टीम्ड् लौकी

एंड पालक कोफ्तास्

१. कद्दूकस किए लौकी में नमक डालकर पांच मिनट के लिए छोड़ दें। लौकी को अच्छी तरह दबाकर अतिरिक्त पानी निकाल दें। उबले पानी में एक मिनट के लिए पालक डालकर नर्म कर दें। छानकर ठंडे पानी में धो लें और दबाकर अतिरिक्त पानी निकाल दें।

२. लौकी और पालक के साथ आलू, हरी मिर्च, किशमिश, चावल का पाउडर, चाट मसाला, अदरक पेस्ट, लहसुन पेस्ट, प्याज और नमक मिला लें।

३. बीस बराबर हिस्सों में बांट लें और अंडाकार कोफ्ते बना लें। कोफ्तों को एक स्टीमर में पन्द्रह से बीस मिनट तक स्टीम करें और अलग रख लें।

४. नॉन स्टिक पैन गर्म करें। अदरक पेस्ट, लहसुन पेस्ट और प्याज मध्यम आंच पर पांच-छह मिनट भूनें। लाल मिर्च पाउडर, हल्दी और गरम मसाला पाउडर, कसूरी मेथी और दो बड़े चम्मच पानी मिलाकर एक मिनट पकाएं।

५. टमाटर प्यूरी, शहद और नमक मिलाएं। एक कप पानी डालकर इसे दस मिनट तक पकने दें।

६. प्लेट में कोफ्ते सजाकर ऊपर से करी डालें और धनिया पत्तियों से सजाकर गर्मागर्म परोसें।

शाकाहारी | तैयारी १५ मिनट | बनाने में ३० मिनट | परोसें ४ व्यक्तियों को

खुंभ
हरा प्याज

सामग्री

४० (४०० ग्राम) ताजा बटन मशरूम, चार टुकड़े किए हुए

१०-१२ हरे प्याज, बारीक कटे हुए

५ हरे प्याज की पत्तियां, टेढ़ी कटी हुई

१२ लहसुन की कलियां, बारीक कटी हुई

१ बड़ा चम्मच चावल का आटा

१ कप स्किम्ड् दूध का दही, फेंटा हुआ

३ लौंग

३ हरी मिर्च, बीज निकालकर काटी हुई

२ छोटे चम्मच धनिया पाउडर

स्वादानुसार नमक

१/२ छोटा चम्मच लाल मिर्च पाउडर

१/२ छोटा चम्मच हल्दी पाउडर

१. नॉन स्टिक पैन गर्म करें। लहसुन डालकर एक मिनट भूनें। मशरूम मिलाएं और धीमी आंच पर तीन-चार मिनट तक पकाते रहें। चावल का आटा मिला लें।

२. दही मिला लें और मिश्रण के गाढ़ा होने तक पकाएं।

३. लौंग, हरा प्याज, हरी मिर्च मिलाकर धीमी आंच पर दो मिनट तक पकाएं।

४. धनिया पाउडर, नमक, लाल मिर्च पाउडर, हल्दी पाउडर और आधा कप पानी मिलाएं। दो-तीन मिनट तक पकाएं। हरे प्याज की पत्तियां मिलाएं और गर्मागर्म परोसें।

शाकाहारी | तैयारी १० मिनट | बनाने में १५ मिनट | परोसें ४ व्यक्तियों को

केब्बेज चना
दाल

सामग्री

१ मध्यम आकार की पत्ता गोभी, कटी हुई

१/४ कप चना दाल, भिगोयी हुई

१ छोटा चम्मच राई दाने

१०-१२ करी पत्ते

४ साबुत सूखी लाल मिर्च

१ इंच अदरक, बारीक कटा हुआ

१/२ छोटा चम्मच हल्दी पाउडर

स्वादानुसार नमक

१ छोटा चम्मच गरम मसाला पाउडर (पृष्ठ १०४)

२ बड़े चम्मच किसा हुआ नारियल

१. चना दाल धोकर एक कप पानी में लगभग गलने तक उबाल लें। पानी से निकाल कर अलग रख लें।

२. नॉन स्टिक पैन गर्म करें। राई दाने डालकर आधे मिनट तक भूनें। करी पत्ते और लाल मिर्च मिलाएं और आधे मिनट तक भूनें। अदरक मिलाएं और धीमी आंच पर एक मिनट तक भूनें।

३. पत्ता गोभी मिलाएं और ढककर नर्म होने तक पकाएं। हल्दी पाउडर और नमक मिला लें। उबली चना दाल मिलाएं और दो मिनट पकाएं। गरम मसाला पाउडर छिड़ककर चला लें।

४. नारियल से सजाकर गर्मागर्म परोसें।

शाकाहारी | तैयारी ३० मिनट | बनाने में २० मिनट | परोसें ४ व्यक्तियों को

खुंभ
हरा प्याज

सामग्री

२ कप मकई के दाने

४ मध्यम आकार के कैप्सिकम, बीज निकालें और आधे इंच के टुकड़ों में कटे हुए

१ छोटा चम्मच जीरा

२ मध्यम आकार के प्याज, बारीक कटे हुए

१ बड़ा चम्मच अदरक पेस्ट

१ बड़ा चम्मच लहसुन पेस्ट

१ छोटा चम्मच लाल मिर्च पाउडर

१ बड़ा चम्मच धनिया पाउडर

२ छोटे चम्मच जीरा पाउडर

१/२ छोटा चम्मच हल्दी पाउडर

४ मध्यम आकार के टमाटर, कटे हुए

स्वादानुसार नमक

२ छोटे चम्मच गरम मसाला पाउडर (पृष्ठ १०४)

१ बड़ा चम्मच नींबू का रस

४ बड़े चम्मच धनिया की ताज़ी पत्तियां, बारीक कटी हुई

कॉर्न एंड कैप्सिकम

मसाला

१. तीन कप पानी में मकई के दानों को दस मिनट के लिए उबालें । छानकर अलग रख लें ।

२. नॉन स्टिक कड़ाही में गर्म करें । जीरा डालें । जब उनका रंग बदलने लगे तो प्याज डालें और गहरा सुनहरा होने तक भूनें ।

३. अदरक और लहसुन का पेस्ट मिला कर दो-तीन मिनट तक पकाएं । लाल मिर्च पाउडर, धनिया पाउडर, जीरा पाउडर और हल्दी पाउडर मिलाएं और कुछ सेकंड तक भूनें । टमाटर और नमक मिलाकर चलाते हुए टमाटर के गूदेदार होने तक पकाएं । आधा कप पानी डालें और अच्छी तरह मिलाकर एक मिनट पकाएं ।

४. कैप्सिकम डालें और अच्छी तरह मिला लें । अंत में उबले मकई के दाने और गरम मसाला डालें । मिलाकर धीमी आंच पर चार से पांच मिनट तक पकाएं । नींबू का रस मिलाकर स्वाद चख लें ।

५. धनिया की पत्तियों से सजाकर गर्मागर्म परोसें ।

शाकाहारी | तैयारी १५ मिनट | बनाने में २० मिनट | परोसें ४ व्यक्तियों को

सामग्री

$^{1}/_{2}$ कप बरगल

८ मध्यम आकार के कड़क टमाटर

२-३ हरा प्याज, कटा हुआ

१ छोटी मूली, कद्दूकस की हुई

२ बड़े चम्मच किशमिश

२ बड़े चम्मच नींबू का रस

स्वादानुसार नमक

५-६ काली मिर्च, कूटी हुई

३ बड़े चम्मच ताजा पार्सले, कटे हुए

६-८ लेट्टस की पत्तियां

६-८ पुदीना की ताज़ी पत्तियां

टबुलेह स्टफ्ड् टोमाटोस्

१. उबले गर्म पानी में बरगल आधे घंटे के लिए भिगोएं। पानी से निकालकर अतिरिक्त पानी दबाकर निचोड़ लें और अलग रख लें।

२. टमाटर का ऊपरी हिस्सा काटें और बीज निकाल लें। बीज अलग रख लें।

३. बरगल, हरा प्याज, मूली, किशमिश, नींबू का रस, नमक, कूटी हुई काली मिर्च, पार्सले और रखे हुए टमाटर के बीज अच्छी तरह मिला लें। यह मिश्रण टमाटर में भरें।

४. एक स्टीमर में पर्याप्त पानी गर्म करें।

५. छिद्रदार प्लेट पर भरवां टमाटर रखें और दस मिनट तक स्टीम करें। बाहर निकालकर थोड़ी देर ठंडा कर लें।

६. लेट्टस की पत्तियों पर सजा लें और ऊपर से पुदीना की पत्तियों के टुकड़े छिड़क दें। गर्मागर्म परोसें।

शाकाहारी | तैयारी ३० मिनट | बनाने में १० मिनट | परोसें ४ व्यक्तियों को

सामग्री

२ मध्यम आकार के आलू, $^{१}/_{४}$ इंच मोटे अंडाकार स्लाइस में कटे हुए

२ मध्यम आकार के प्याज, आधे हिस्से में काट कर मोटे स्लाइस में कटे हुए

२ मध्यम आकार के कैप्सिकम, बीज निकाले हुए

१ बड़ी गाजर

१०० ग्राम स्किम्ड् दूध का पनीर

१० फ्रेंच बींस

$^{१}/_{४}$ छोटा गोभी, टुकड़े किए हुए

४ मध्यम आकार के टमाटर

१ छोटा चम्मच ज़ीरा

२ साबुत लाल मिर्च, बीच में तोड़ा हुआ

२ बड़े चम्मच सिरका

$^{१}/_{३}$ कप टमाटर केचप

१$^{१}/_{२}$ छोटा चम्मच लाल मिर्च पाउडर

२ इंच अदरक, पतले कटे हुए

स्वादानुसार नमक

१ छोटा चम्मच गरम मसाला पाउडर (पृष्ठ १०४)

२ बड़े चम्मच धनिया की ताज़ी पत्तियां, बारीक कटी हुई

वेजिटेबल
जालफ्रेजी

१. कैप्सिकम, गाजर, पनीर और फ्रेंच बींस लंबा-लंबा काट लें।

२. दो कप उबले पानी में गाजर और फ्रेंच बींस दो मिनट तक डालकर निकाल लें। ठंडे पानी से अच्छी तरह धो लें। दो कप उबले पानी में तीन-चार मिनट के लिए फूलगोभी रखकर निकाल लें।

३. टमाटर की प्यूरी बना लें।

४. नॉन स्टिक पैन गर्म करें। जीरा और लाल मिर्च रंग बदलने तक भूनें। सिरका और दो बड़े चम्मच पानी मिलाएं और थोड़ी देर तक पकाएं।

५. टमाटर की प्यूरी और केचप मिलाकर दो-तीन मिनट तक पकाएं।

६. लाल मिर्च पाउडर, हल्दी पाउडर, अदरक, कटे आलू, नमक और एक कप पानी मिलाकर दो-तीन मिनट तक पकाएं।

७. प्याज और कैप्सिकम मिलाएं और दो-तीन मिनट तक पकाते रहें।

८. गाजर, फ्रेंच बींस और गोभी मिलाकर उलट-पुलट लें। पनीर डालकर मिलाएं।

९. गरम मसाला छिड़कें और धनिया की ताजा पत्तियों से सजाकर गर्मागर्म परोसें।

शाकाहारी | तैयारी २० मिनट | बनाने में १५ मिनट | परोसें ४ व्यक्तियों को

वेजिटेबल जालफ्रेज़ी

सामग्री

५०० ग्राम अरबी

१/२ छोटा चम्मच हल्दी पाउडर

१/२ छोटा चम्मच लाल मिर्च पाउडर

१ छोटा चम्मच धनिया पाउडर

१ छोटा चम्मच अजवाइन

चुटकी भर हींग

२ हरी मिर्च, चीरी हुई

१ बड़ा चम्मच नींबू का रस

२ बड़े चम्मच भूनी मूंगफली, कूटी हुई

स्वादानुसार नमक

२ बड़े चम्मच धनिया की ताज़ी पत्तियां,
बारीक कटी हुई

पिचकी *अरबी*

१. अरबी अच्छी तरह धो लें। पर्याप्त पानी में गलने तक उबालें। पानी से निकाल कर छील लें। हल्के से दबाकर प्रत्येक अरबी को चपटा कर दें।

२. हल्दी पाउडर, लाल मिर्च पाउडर और धनिया पाउडर चौथाई कप पानी मिलाकर ब्लेंड कर लें।

३. नॉन स्टिक पैन गर्म करें। अजवाइन डालकर थोड़ी देर भून लें। हींग और हरी मिर्च डालकर मिला लें।

४. मसाला डालें और आधा कप पानी मिलाकर मिश्रण के आधा होने तक पकाएं।

५. चपटी की हुई अरबी और नमक डालकर धीरे से चलाएं ताकि मसाला अरबी से लिपट जाएं।

६. नींबू का रस और मूंगफली अच्छी तरह बुरक दें।

७. धनिया की पत्तियों से सजाकर गर्मागर्म परोसें।

शाकाहारी | तैयारी १५ मिनट | बनाने में १५ मिनट | परोसें ४ व्यक्तियों को

सामग्री

४०० ग्राम लाल कद्दू

१/२ छोटा चम्मच मेथी दाना

चुटकी भर हींग

२ हरी मिर्च, कटी हुई

स्वादानुसार नमक

१/२ छोटा चम्मच हल्दी पाउडर

१ बड़ा चम्मच धनिया पाउडर

१ इंच अदरक, पतला कटा हुआ

१ १/२ छोटा चम्मच लाल मिर्च पाउडर

२ बड़े चम्मच शक्कर

१ १/२ बड़े चम्मच नींबू का रस

२ बड़े चम्मच धनिया की ताज़ी पत्तियां, बारीक कटी हुई

मसालेदार कद्दू

१. लाल कद्दू छीलकर एक इंच के टुकड़े कर लें।

२. नॉन स्टिक पैन गर्म करें। मेथी, हींग, हरी मिर्च और लाल कद्दू के टुकड़े मिला लें।

३. नमक, हल्दी पाउडर, धनिया पाउडर, अदरक और लाल मिर्च पाउडर मिलाएं। थोड़ा पानी डालें और ढककर धीमी आंच पर दस से पंद्रह मिनट तक पकाएं।

४. शक्कर, नींबू का रस और धनिया की पत्तियां मिलाएं। ढककर मध्यम आंच पर दस मिनट तक पकाएं। नरम हो जाने पर लाल कद्दू को चम्मच के पिछले हिस्से से मसल दें।

५. गर्मागर्म परोसें।

शाकाहारी | तैयारी १५ मिनट | बनाने में २० मिनट | परोसें ४ व्यक्तियों को

मिक्स्ड् वेजिटेबल

कुरमा

सामग्री

१ मध्यम आकार की गाजर, १/२ इंच के चौकोर टुकड़ों में कटी हुई

१ बड़े आकार का आलू, १/२ इंच के चौकोर टुकड़ों में कटा हुआ

१/४ छोटी फूल गोभी, कटी हुई

१० फ्रेंच बींस, आधे इंच के टुकड़ों में कटे हुए

१/२ कप छीले हुए मटर

१ मध्यम आकार का हरा कैप्सिकम, बीज निकाला और १/२ इंच के चौकोर टुकड़ों में कटा हुआ

२ मध्यम आकार के प्याज, बारीक कटे हुए

१०-१२ करी पत्ते

२ टमाटर की प्यूरी

१ छोटा चम्मच इमली का गूदा

स्वादानुसार नमक

१/२ कप नारियल का दूध

१/२ छोटा चम्मच गरम मसाला पाउडर (पृष्ठ १०४)

२ बड़े चम्मच धनिया की ताज़ी पत्तियां, बारीक कटी हुई

मसाले के पेस्ट के लिए

१/२ कप किसा हुआ नारियल

८-१० लहसुन की कलियां

१ इंच अदरक

१ हरी मिर्च

२ साबुत सूखी लाल मिर्च, बीज निकाली हुई

२ बड़े चम्मच साबुत धनिया

१ छोटा चम्मच जीरा

२ बड़े चम्मच खसखस

२ बड़े चम्मच सौंफ

१. नॉन स्टिक पैन गर्म करें और सारे मसाले हल्का भूरा होने तक भूनें। ठंडा करें और आधा कप पानी मिलाकर पेस्ट बना लें।

२. गाजर, आलू, फूल गोभी और फ्रेंच बींस नमक डाले पानी में गलने तक उबालें। छानकर अलग रख लें।

३. नॉन स्टिक पैन गर्म करें। प्याज डालें और सुनहरा भूरा होने तक भूनें। करी पत्ते और मसाला पेस्ट मिलाएं। आधा कप पानी मिलाएं और तीन से चार मिनट तक पकाएं।

४. उबली सब्जियां, हरा मटर, कैप्सिकम और टमाटर की प्यूरी मिलाकर खौलने तक उबालें। इमली का गूदा अच्छी तरह मिला दें।

५. ढाई कप पानी और नमक मिलाएं। खौलने दें और फिर धीमी आंच पर सब्जी पकने और शोरबे के गाढ़े होने तक उबलने दें। नारियल का दूध डालकर मिला लें।

६. गरम मसाला पाउडर छिड़कें और अच्छी तरह मिला लें। धनिया की ताज़ी पत्तियों से सजाकर गर्मागर्म परोसें।

शेफ की सलाह : *आप नारियल के दूध की जगह दही भी डाल सकते हैं। इससे व्यंजन का स्वाद थोड़ा अलग, लेकिन उतना ही स्वादिष्ट होगा।*

शाकाहारी | तैयारी २० मिनट | बनाने में २० मिनट | परोसें ४ व्यक्तियों को

मिड्ल् ईस्टर्न्
वेजिटेबल स्ट्यू

सामग्री

२ मध्यम आकार के आलू, छीले और १ इंच के चौकोर टुकड़ों में कटे हुए

२ मध्यम आकार की गाजर, छीली और १ इंच के चौकोर टुकड़ों में कटी हुई

१ हरा कैप्सिकम, बीज निकाले और १ इंच के टुकड़ों में कटे हुए

२ मध्यम आकार के ज्युकिनी, १ इंच के टुकड़ों में कटे हुए

१ पालक का छोटा गुच्छा, कटा हुआ

१/२ कप काबुली चना

३ कप वेजिटेबल स्टॉक (पृष्ठ १०४)

१ इंच ताजा अदरक, स्लाइस किया हुआ

३-४ लौंग

८-१० काली मिर्च

१ सेलरी डंठल, १ इंच के टुकड़ों में कटी हुई

१ छोटा चम्मच जीरा पाउडर

चुटकी भर लाल मिर्च पाउडर

स्वादानुसार नमक

१/२ छोटा चम्मच काली मिर्च पाउडर

१० पुदीना की ताज़ी पत्तियां

मिड्ल् ईस्टर्न्

वेजिटेबल स्टयू

१. काबुली चना धोकर पर्याप्त मात्रा में रात भर के लिए या कम से कम छह घंटे के लिए भिगो लें। प्रेशर कुकर में डालकर पका लें। अलग रख लें।

२. एक सॉस पैन में वेजिटेबल स्टॉक उबाल लें।

३. मलमल के कपड़े में अदरक के स्लाइस, लौंग और काली मिर्च बांध लें और उबलते स्टॉक में डालें।

४. उबले काबुली चना, आलू, गाजर, सेलरी, जीरा पाउडर और लाल मिर्च पाउडर डालें। अच्छी तरह मिलाकर मध्यम आंच पर उबलने तक गर्म करें।

५. ढक कर धीमी आंच पर सब्जियों के नरम होने तक पकाएं। कैप्सिकम, ज्युकिनी और पालक डालें और दो मिनट पकाएं। मसाले की पोटली निकाल कर फेंक दें।

६. नमक, और काली मिर्च पाउडर डालें और पुदीना की पत्तियों से सजाकर गर्मागर्म परोसें।

शाकाहारी | तैयारी १५ मिनट | बनाने में ३० मिनट | परोसें ४ व्यक्तियों को

सामग्री

८ मध्यम आकार के हरे कैप्सिकम

४ मध्यम आकार के आलू, उबले और मसले हुए

१ छोटा चम्मच जीरा

२ मध्यम आकार के प्याज, बारीक कटे हुए

१$^{१}/_{२}$ बड़े चम्मच अदरक-लहसुन पेस्ट

$^{१}/_{२}$ छोटा चम्मच हल्दी पाउडर

२ हरी मिर्च, कटी हुई

१$^{१}/_{२}$ बड़े चम्मच नींबू का रस

स्वादानुसार नमक

४ बड़े चम्मच धनिया की ताज़ी पत्तियां

१ छोट चम्मच गरम मसाला पाउडर (पृष्ठ १०४)

बेक्ड् स्टफ्ड् कैप्सिकम

१. अवन को १८०° सेंटीग्रेड/३५०° फारेनहाइट/गैस मार्क ४ पर पहले से गर्म कर लें।

२. कैप्सिकम को ऊपर से काटकर बीज निकाल लें।

३. नॉन स्टिक पैन गर्म करें और जीरा आधा मिनट तक भूनें। प्याज डालें और एक मिनट भूनें। अदरक-लहसुन पेस्ट डालकर एक मिनट और भूनें। दो बड़े चम्मच पानी डालकर चलाएं।

४. हल्दी पाउडर और हरी मिर्च डालकर एक मिनट पकाएं। मसले हुए आलू डालकर अच्छी तरह मिला लें। नींबू का रस डालकर आलू के मिश्रण को गीला कर लें। नमक, धनिया की पत्तियां और गरम मसाला डालकर अच्छी तरह मिला लें।

५. कैप्सिकम में आलू का मिश्रण भरें और उन्हें एक बेकिंग ट्रे पर सजा लें। दस से पंद्रह मिनट तक पकाएं। खयाल रखें कि कैप्सिकम का ऊपरी हिस्सा सुनहरा हो जाए।

६. अवन से निकाल कर अपनी पसंद का शोरबा या चटनी के साथ परोसें।

शाकाहारी | तैयारी १५ मिनट | बनाने में ३० मिनट | परोसें ४ व्यक्तियों को

मिक्स्ड् वेजिटेबल्स्

इन व्हाइट सॉस

सामग्री

१ मध्यम आकार की गाजर,

१/२ इंच के चौकोर टुकड़ों में कटी हुई

१/२ छोटी फूल गोभी, टुकड़े की हुई

१/२ छोटी ब्रोकोली, टुकड़े की हुई

१०-१२ फ्रेंच बींस, १/२ इंच में टेढ़ी कटी हुई

१/२ कप छीले हुए हरे मटर

५ कप स्किम्ड् दूध

६ बड़े चम्मच आटा

स्वादानुसार नमक

५-६ काली मिर्च, कूटी हुई

१/४ कप ब्राउन् ब्रेड का चूरा

२ बड़े चम्मच ताज़ा पार्सले, बारीक कटा हुआ

१. अवन १८०° सेंटीग्रेड/३५०° फारेनहाइट/गैस मार्क ४ पर पहले से गर्म कर लें।

२. उबलते पानी में गाजर, गोभी, ब्रोकोली, फ्रेंच बींस और हरे मटर डालकर नरम कर लें। पानी से निकाल कर ठंडे पानी से धो लें और अलग रख लें।

३. दूध उबालकर ठंडा कर लें। एक नॉन स्टिक पैन लें और धीमी आंच पर खुश्बू आने तक आटा भूनें। लगातार चलाते हुए दूध डालें। नमक और काली मिर्च डाल लें। सॉस गाढ़ा होने लगे तो आंच से उतार लें और ठंडा करने के लिए अलग रख दें।

४. उबली हुई सब्जियां एक साथ मिला लें।

५. अवन-प्रूफ कांच का कटोरा लें। इसमें एक तिहाई सफेद सॉस फैला लें। आधी सब्जी ऊपर से डाल लें। उसे बाकी बचे सॉस के आधे हिस्से से ढक दें और फिर बाकी बची सब्जियां डाल दें। अंत में बाकी बचा सॉस डाल दें। ऊपर से ब्राउन् ब्रेड का चूरा छिड़क दें।

६. दस से पंद्रह मिनट बेक करें।

७. पार्सले से सजाकर गर्मागर्म परोसें।

शाकाहारी | तैयारी २० मिनट | बनाने में २५ मिनट | परोसें ४ व्यक्तियों को

सामग्री

४ बड़े आलू

१ कप बेक्ड् बींस

१ तेज पत्ता

१ मध्यम आकार का प्याज, बारीक कटा हुआ

६ लहसुन की कलियां, कटी हुई

१ बड़ा चम्मच टमाटर केचप

१ छोटा चम्मच सेंधा नमक

१/४ छोटा चम्मच काली मिर्च पाउडर

जैकिट् पोटेटोस्

विद् बेक्ड् बींस स्टफिंग

१. छिलके के साथ आलू को अधपका उबाल लें। छान कर ठंडा करें और दो टुकड़े कर लें। बीच के हिस्से को कलछी से निकाल लें। बाहरी मोटा हिस्सा बचा रहे।

२. २००° सेंटीग्रेड/४००° फारेनहाइट/गैस मार्क ६ पर पहले से अवन गर्म कर लें।

३. नॉन स्टिक पैन गर्म करें। तेज पत्ता, प्याज और लहसुन मिलाकर प्याज के हल्का भूरा होने तक पकाएं।

४. टमाटर केचप मिला लें।

५. बेक्ड् बींस, सेंधा नमक और काली मिर्च पाउडर मिलाएं और चलाते हुए उबलने तक गर्म करें।

६. हल्का ठंडा कर लें। आधे-आधे किए आलुओं को बेक्ड् बींस मिश्रण से भरें। एक बेकिंग ट्रे में आलू सजा लें और पंद्रह से बीस मिनट तक पकाएं।

७. गर्मागर्म परोसें।

शाकाहारी | तैयारी १५ मिनट | बनाने में ३० मिनट | परोसें ४ व्यक्तियों को

जैकिट् पोटेटोस् विद्
बेक्ड् बींस स्टफिंग

मिक्स्ड् वेजिटेबल
बिरयानी

सामग्री

- १ १/२ कप बासमती चावल, भिगोया हुआ
- ४ मध्यम आकार की गाजर, १/२ इंच के टुकड़ों में कटी हुई
- १०-१२ फूल गोभी के टुकड़े
- १५ फ्रेंच बींस, १/२ इंच के टुकड़ों में कटे हुए
- १ कप छीले हुए हरे मटर
- केसर के कुछ रेशे
- १/४ कप दूध
- ४ बड़े प्याज, बारीक कटे हुए
- १ १/२ कप स्किम्ड् दूध का दही
- १ १/२ बड़ा चम्मच अदरक-लहसुन पेस्ट
- ४-५ हरी मिर्च, बारीक कटी हुई
- १ बड़ा चम्मच धनिया पाउडर
- १ छोटा चम्मच हल्दी पाउडर
- १ बड़ा चम्मच लाल मिर्च पाउडर
- ३/४ छोटा चम्मच गरम मसाला पाउडर (पृष्ठ १०४)
- स्वादानुसार नमक
- २ हरी इलाइची
- १ बड़ी इलाइची
- ४ लौंग
- १/२ इंच दाल चीनी
- १ तेज पत्ता
- २ बड़े चम्मच धनिया की ताज़ी पत्तियां, बारीक कटी हुई
- २ बड़े चम्मच पुदीना की ताज़ी पत्तियां, बारीक कटी हुई
- कुछ बूंदें केवड़े का एसेन्स (वैकल्पिक)
- २ इंच अदरक, पतला कटा हुआ

१. गर्म दूध में केसर भिगो लें।

२. नॉन स्टिक पैन गर्म करें और प्याज को भूरा होने तक भून लें। अलग रख लें।

३. सभी सब्जियों को अलग-अलग से गर्म पानी में डालकर निकालें और ठंडे पानी से धो लें।

४. बड़े कटोरे में सारी सब्जियों में दही, अदरक-लहसुन पेस्ट, हरी मिर्च, धनिया पाउडर, हल्दी पाउडर, लाल मिर्च पाउडर, आधा गरम मसाला पाउडर, नमक और आधा भुना प्याज़ अच्छी तरह मिला लें। इस मिश्रण को एक गहरे पैन में डालें।

५. पानी से चावल निकाल लें और चार कप उबलते नमकीन पानी में हरी इलायची, बड़ी इलायची, लौंग, दाल चीनी और तेजपत्ता के साथ तीन-चौथाई गलने तक पकाएं। अतिरिक्त पानी निकाल दें।

६. एक पैन में सब्जियों के ऊपर चावल डालें।

७. दूध में भिगोया केसर, धनिया की पत्तियां, पुदीना की पत्तियां, केवड़े का एसेन्स, अदरक के टुकड़े, बचा गरम मसाला पाउडर और बचा हुआ भुना प्याज चावल के ऊपर डालें।

८. अल्यूमिनियम फॉयल से पैन ढकें और कसकर ढक्कन लगाएं ताकि भाप बाहर न जाए।

९. पैन को मध्यम आंच पर रखें और पंद्रह से बीस मिनट तक चावल और सब्जियों के गलने तक पकाएं।

१०. पसंद के रायता के साथ गर्मागर्म परोसें।

शाकाहारी | तैयारी २० मिनट | बनाने में ४० मिनट | परोसें ४ व्यक्तियों को

सामग्री

२५० ग्राम पेन्ने

६ मध्यम आकार के टमाटर

६ लहसुन की कलियां, कूटी हुई

२ मध्यम आकार के प्याज, स्लाइस किए हुए

१ छोटा चम्मच कूटी हुई लाल मिर्च

१ बड़ा चम्मच ओरेगेनो

स्वादानुसार नमक

५-६ बेसिल की पत्तियां

पेन्ने *अराबियाटा*

१. टमाटर को गर्म पानी में डालकर निकाल लें। उसका छिलका उतार लें। बीज निकाल कर काट लें।

२. नमकीन उबलते पानी में पेन्ने पका लें। छानकर उसे ठंडे पानी से धोकर अलग रख लें।

३. नॉन स्टिक पैन गर्म करें। लहसुन डालें और भूरा होने तक भूनें।

४. प्याज डालें और सुनहरा होने तक भूने। कूटी हुई लाल मिर्च, ओरेगैनो और टमाटर मिला लें।

५. धीमी आंच पर पांच मिनट तक पकाएं। नमक डालें और अच्छी तरह मिला लें।

६. पेन्ने डालें और बेसिल की पत्तियां डालें। हल्के से उलट-पुलटकर गर्मागर्म परोसें।

सामग्री

१ १/२ कप रिसोटो राइस

१ मध्यम आकार का प्याज, बारीक कटा हुआ

४ लहसुन की कलियां, बारीक कटी हुई

३ कप वेजिटेबल स्टॉक (पृष्ठ १०४)

स्वादानुसार नमक

१/२ छोटा चम्मच काली मिर्च पाउडर

२ मध्यम आकार के गाजर, स्लाइस की हुई

२ कप स्किम्ड् दूध

७-८ काली मिर्च, कूटी हुई

१ छोटा चम्मच सूखा बेसिल

५-६ फ्रेंच बींस, १ इंच के टुकड़े में कटे हुए

१ मध्यम आकार का हरा कैप्सिकम, बीज निकाला और १/२ इंच के टुकड़ों में कटा हुआ

५-६ ताज़ा बटन मशरूम, स्लाइस किए हुए

नो-चीज़ रिसोटो

१. नॉन स्टिक पैन गर्म करें। प्याज और लहसुन डालकर पारदर्शी होने तक पकाएं।

२. चावल डालें और दो-तीन मिनट भूनें। तीन कप गर्म वेजिटेबल स्टॉक मिलाएं। नमक और काली मिर्च पाउडर डालकर मिला लें।

३. गाजर डालें और चावल के आधा गलने तक पकाएं।

४. दूध, कूटी हुई काली मिर्च और सूखा बेसिल मिलाएं। आधा दूध खत्म होने तक पकाएं।

५. फ्रेंच बींस, कैप्सिकम और मशरूम डालकर नरम होने तक पकाएं।

६. आंच से उतारकर गर्मागर्म परोसें।

शेफ की राय : *रिसोटो के लिए पारंपरिक तौर पर अरबोरियो राइस का इस्तेमाल होता है। आप उकड़ा चावल भी इस्तेमाल कर सकते हैं।*

पेन्ने अराबियाटा

ब्राउन् राइस वेजिटेबल पुलाव

सामग्री

१ १/२ कप ब्राउन् राइस

२ मध्यम आकार की गाजर,
१/२ इंच के चौकोर टुकड़ों में कटी हुई

१०-२० फ्रेंच बींस, १/२ इंच के टुकड़ों में कटे हुए

१/२ फूल गोभी, छोटे टुकड़ों में कटी हुई

६-७ ताज़ा बटन मशरूम (वैकल्पिक)
दो टुकड़ों में किए हुए

१/२ कप हरे मटर, छीले हुए

१ तेज पत्ता

२-३ लौंग

१ छोटा चम्मच जीरा

१ इंच दालचीनी

२ हरी मिर्च, चीरी हुई

स्वादानुसार नमक

२ बड़े चम्मच धनिया की ताज़ी पत्तियां,
बारीक कटी हुई

ब्राउन् राइस

वेजिटेबल पुलाव

१. चार से पांच कप पानी में दो घंटों के लिए ब्राउन् राइस भिगो लें। पानी से छानकर अलग रख लें।

२. गहरा नॉन स्टिक पैन गर्म करे। तेज पत्ता, लौंग, जीरा और दाल चीनी थोड़ी देर के लिए भूनें। चावल मिलाएं और एक-दो मिनट तक भूनें। चार कप पानी डालें और उबालें।

३. गाजर, फ्रेंच बींस, गोभी, मशरूम और हरी मिर्च मिलाएं। चलाते हुए उबालें। नमक मिला लें। आंच धीमी करें। ढककर लगभग गलने तक पकाएं।

४. हरे मटर डालें और हल्के से मिलाएं। ढककर गलने तक पकाएं।

५. धनिया की ताज़ा पत्तियों से सजाकर गर्मागर्म परोसें।

नोट : *ब्राउन् राइस हेल्थ फुड स्टोर में मिलता है।*

शाकाहारी | तैयारी २ घंटे | बनाने में २५ मिनट | परोसें ४ व्यक्तियों को

सामग्री

१ १/२ कप बासमती चावल

१ मध्यम आकार की गाजर, १/२ इंच के टुकड़ों में कटी हुई

१० फ्रेंच बींस, १/२ इंच के टुकड़ों में कटे हुए

१/४ छोटी आकार गोभी, टुकड़े की हुई

२ मध्यम आकार के टमाटर, कटे हुए

१ तेज पत्ता

१/२ छोटा चम्मच जीरा

२ इंच दालचीनी

२ बड़ी इलायची

१ इंच अदरक, कटा हुआ

७-८ सांभर प्याज, छील कर और दो टुकड़े किए हुए

स्वादानुसार नमक

७-८ काली मिर्च, कूटी हुई

१/२ छोटा चम्मच लाल मिर्च पाउडर

१/२ छोटा चम्मच गरम मसाला पाउडर (पृष्ठ १०४)

१ बड़ा चम्मच नींबू का रस

३ बड़े चम्मच धनिया की ताज़ी पत्तियां, बारीक कटी हुई

मिक्स्ड वेजिटेबल्स एंड टोमाटो पुलाव

१. तीन कप पानी में आधे घंटे के लिए चावल भिगो दें। छानकर अलग रख लें।

२. गहरा नॉन स्टिक पैन गर्म करें और तेज पत्ता, जीरा, दाल चीनी और बड़ी इलायची खुश्बू आने तक भूनें। अदरक, सांभर प्याज, टमाटर और स्वादानुसार नमक मिलाएं। चलाते हुए तीन-चार मिनट तक पकाएं।

३. तीन कप पानी डालें। उबाल आने दें और गाजर, फ्रेंच बींस, गोभी, चावल, कूटी हुई काली मिर्च, लाल मिर्च पाउडर और गरम मसाला पाउडर मिलाकर दो-तीन मिनट तक हल्की तरह लगातार चलाएं।

४. नमक चख लें। ढककर धीमी आंच पर तैयार होने तक पकाएं। नींबू का रस डालें और मिला लें।

५. धनिया की पत्तियों से सजाकर गर्मागर्म परोसें।

शाकाहारी | तैयारी ३० मिनट | बनाने में १५ मिनट | परोसें ४ व्यक्तियों को

सामग्री

१ मध्यम आकार का लाल कैप्सिकम, बीज निकाल कर चार टुकड़ों में किया हुआ

५ मध्यम आकार के टमाटर, बीज निकाल कर चार टुकड़े किए हुए

५-६ लहसुन की कलियां, बारीक कटी हुई

स्वादानुसार नमक

२ छोटे चम्मच शक्कर

२ बड़े चम्मच नींबू का रस

१ डंठल पार्सले

रोस्टेड् कैप्सिकम एंड टोमाटो डिप्

१. अवन को १८०° सेंटीग्रेड/३५०° फारेनहाइट/गैस मार्क ४ पर पहले से गर्म कर लें।

२. बेकिंग ट्रे में हरा कैप्सिकम और टमाटर, लहसुन के साथ सजा लें। ऊपर से नमक छिड़क लें।

३. बीस से पच्चीस मिनट तक पकाएं और फिर ठंडा होने दें।

४. ठंडा होने पर कैप्सिकम और टमाटर के छिलके उतार दें और काट लें।

५. नॉन स्टिक पैन गर्म करें और एक मिनट लहसुन भूनें। कैप्सिकम और टमाटर मिलाएं और दो मिनट तक पकाएं। जरूरत हो तो नमक और शक्कर डालें। अच्छी तरह मिला लें।

६. दो मिनट पकाएं। नींबू का रस डालें और फिर से मिलाएं।

७. पार्सले से सजाकर परोसें।

***नोट :** जल्दी हो तो बेक किए हुए कैप्सिकम, टमाटर और लहसुन का छिलका निकाले बिना ही प्यूरी बना लें और पका लें।*

शाकाहारी

तैयारी १० मिनट

बनाने में ३५ मिनट

परोसें ४ व्यक्तियों को

छोले
बिरयानी

सामग्री

१ १/२ कप बासमती चावल

१ कप काबुली चना

२ बड़े चम्मच चाय की पत्तियां

स्वादानुसार नमक

५-६ हरी इलायची

२-३ तेज पत्ते

२-३ लौंग

१ १/२ कप स्किम्ड् दूध का दही

१ छोटा चम्मच अदरक पेस्ट

१ इंच अदरक, पतले कटे हुए

१/२ कप पुदीने की ताज़ी पत्तियां

१ छोटा चम्मच हरी मिर्च का पेस्ट

१ छोटा चम्मच लाल मिर्च पाउडर

१ छोटा चम्मच हल्दी पाउडर

१ छोटा चम्मच गरम मसाला पाउडर

१ छोटा चम्मच लहसुन पेस्ट

केसर के कुछ रेशे

१ बड़ा चम्मच स्किमड् दूध

केवड़ा जल की कुछ बूंदें

१/४ कप धनिया की ताज़ी पत्तियां,
बारीक कटी हुई

छोले
बिरयानी

१. रात भर के लिए या कम से कम छः घंटों के लिए काबुली चना भिगो लें। छान कर चार कप पानी में नमक और मलमल के कपड़े से बंधी चाय पत्ती डालकर नर्म होने तक उबाल लें। मलमल की पोटली निकालकर काबुली चना छान लें।

२. दही, अदरक पेस्ट, अदरक के टुकड़े, आधी पुदीने की पत्तियां, हरी मिर्च पेस्ट, लाल मिर्च पाउडर, हल्दी पाउडर, गरम मसाला पाउडर और लहसुन पेस्ट मिलाकर काबुली चने को मैरीनेट करें।

३. तीन कप पानी में आधे घंटे के लिए चावल भिगोएं। गहरे पैन में चार कप पानी, नमक, हरी इलायची, तेज पत्ता और लौंग डालकर उबालें। फिर चावल डालें और आधा गलने तक पकाएं। पानी निकाल दें।

४. गर्म दूध में केसर घोलें और केवड़ा जल मिला दें।

५. मैरीनेड किया काबुली चना गहरे नॉन स्टिक पैन में डालें।

६. काबुली चना के ऊपर आधापका चावल अच्छी तरह से बिछा दें। उसके ऊपर घुला हुआ केसर और धनिया की पत्तियां छिड़क दें।

७. पैन का ढक्कन कसकर लगाएं और पंद्रह मिनट तक या चावल गलने तक धीमी आंच पर पकाएं।

८. धनिया और पुदीने की बची पत्तियों से सजाकर गर्मागर्म परोसें।

शेफ का सुझाव : *स्वाद बढ़ाने के लिए आप छोले मसाला भी डाल सकते हैं।*

शाकाहारी | तैयारी १० मिनट | बनाने में ३० मिनट | परोसें ४ व्यक्तियों को

सामग्री

१/२ कप साबुत मूंग

स्वादानुसार नमक

२ बड़े चम्मच बेसन

१ १/२ कप स्किम्ड दूध का दही

१/४ छोटा चम्मच हल्दी पाउडर

१ छोटा चम्मच अदरक पेस्ट

१ छोटा चम्मच हरी मिर्च पेस्ट

१ छोटा चम्मच शक्कर

१/२ छोटा चम्मच सरसों

१/४ छोटा चम्मच मेथी

१/२ छोटा चम्मच जीरा

८-१० करी पत्ते

२ सूखी साबुत लाल मिर्च

३-४ लौंग

१ इंच दालचीनी

चुटकी भर हींग

२ बड़े चम्मच धनिया की ताज़ी पत्तियां, बारीक कटी हुई

खट्टे *मूंग*

१. दो कप पानी में एक घंटे के लिए मूंग भिगोएं। छानकर दो कप पानी में नमक डालकर नरम होने तक उबालें।

२. बेसन और दही फेंट कर मिश्रण बना लें। हल्दी पाउडर, अदरक पेस्ट, हरी मिर्च पेस्ट और शक्कर को तीन कप पानी में अच्छी तरह मिला लें।

३. यह मिश्रण पैन में डालें और लगातार चलाते हुए पकाएं। कढ़ी गाढ़ी हो जाने पर स्वाद के मुताबिक नमक मिला लें।

४. एक छोटा नॉन स्टिक पैन गर्म करें। सरसों, मेथी, जीरा, करी पत्ता, लाल मिर्च, लौंग, दालचीनी और हींग डालें। खुश्बू आने तक धीमी आंच पर भूनें। इन्हें कढ़ी में डालें और अच्छी तरह मिला लें।

५. उबला मूंग डालें और स्वाद चख लें। दो मिनट तक पकाएं।

६. धनिया की पत्तियों से सजाकर गर्मागर्म परोसें।

शाकाहारी | तैयारी १५ मिनट | बनाने में २० मिनट | परोसें ४ व्यक्तियों को

सामग्री

१ कप काबुली चना, रात भर भिगोए हुए

२ छोटे चम्मच चाय पत्ती

स्वादानुसार नमक

१ मध्यम आकार का प्याज, बारीक कटा हुआ

२ बड़े चम्मच अदरक-लहसुन-हरी मिर्च पेस्ट

१ कप टमाटर प्यूरी

१ १/२ बड़े चम्मच चना मसाला

२ बड़े चम्मच धनिया की पत्तियां, बारीक कटी हुई

४ हरी मिर्च, चीरी हुई

पेशावरी
चना

१. मलमल के कपड़े में चाय पत्ती बांधकर पोटली बना लें। काबुली चना छान लें। काबुली चना, तीन कप पानी, नमक, और चाय पत्ती की पोटली प्रेशर कुकर में नरम होने तक पकाएं। पक जाने पर पानी छान ले और पोटली बाहर निकाल ले। निकला हुआ पानी बचाकर रखें।

२. नॉन स्टिक कड़ाही गर्म करें। प्याज डालें और सुनहरा होने तक भूनें।

३. अदरक-लहसुन-हरी मिर्च पेस्ट डालें और दो मिनट तक पकाएं।

४. टमाटर प्यूरी डालकर पांच मिनट पकाएं।

५. उबला काबुली चना और बचाकर रखा पानी डालें और पांच मिनट तक पकाएं।

६. पैन आंच से उतार लें और चना मसाला छिड़क कर अच्छी तरह मिला लें।

७. धनिया की पत्तियां और हरी मिर्च से सजाकर गर्मागर्म परोसें।

शाकाहारी | तैयारी ६ से ८ घंटे | बनाने में ३० मिनट | परोसें ४ व्यक्तियों को

सामग्री

१/२ कप चना दाल

१/२ छोटी लौकी, छीली और एक इंच के टुकड़ों में कटी हुई

स्वादानुसार नमक

१/२ छोटा चम्मच हल्दी पाउडर

१/२ छोटा चम्मच जीरा

२ हरी मिर्च, कटी हुई

चुटकी भर हींग

१/२ छोटा चम्मच लाल मिर्च पाउडर

२ छोटे चम्मच धनिया पाउडर

२ मध्यम आकार के टमाटर, कटे हुए

१/२ छोटा चम्मच गरम मसाला पाउडर

१/२ छोटा चम्मच शक्कर

२ बड़े चम्मच नींबू का रस

२ बड़े चम्मच धनिया की ताज़ी पत्तियां, कटी हुई

लौकी चना *दाल*

१. डेढ़ कप पानी में चना दाल एक घंटे के लिए भिगोएं। छान लें।

२. चना दाल और लौकी, नमक और हल्दी पाउडर के साथ तीन कप पानी में उबालें। गोल चम्मच के पिछले हिस्से से लौकी को मसलें और अच्छी तरह मिलाकर अलग रख लें।

३. नॉन स्टिक पैन गर्म करें। जीरा, हरी मिर्च और हींग मिलाकर एक मिनट पकाएं। लाल मिर्च पाउडर, धनिया पाउडर और दो चम्मच पानी डालकर खुश्बू आने तक पकाएं।

४. टमाटर डालें और नरम होने तक पकाएं।

५. पकी हुई चना दाल और लौकी डालें और मिला लें। गरम मसाला पाउडर, शक्कर और जरूरत हो तो नमक मिलाएं। दो मिनट तक पकाएं।

६. नींबू का रस डालकर मिलाएं। धनिया की पत्तियों से सजाकर गर्मागर्म परोसें।

शाकाहारी | तैयारी १ घंटा | बनाने में २५ मिनट | परोसें ४ व्यक्तियों को

लौकी चना दाल

टमाटर की कढ़ी

बीटरूट रायता

सामग्री

१२ छोटे टमाटर, प्यूरी किए हुए

४ छोटे चम्मच बेसन

$^{1}/_{2}$ छोटा चम्मच हल्दी पाउडर

१ छोटा चम्मच लाल मिर्च पाउडर

स्वादानुसार नमक

१ छोटा चम्मच शक्कर

$^{1}/_{2}$ छोटा चम्मच राई दाने

चुटकी भर हींग

$^{1}/_{2}$ छोटा चम्मच जीरा

५-६ कढी पत्ते

४-५ साबुत लाल मिर्च

२ बड़े चम्मच धनिया की ताज़ी पत्तियां, बारीक कटी हुई

टमाटर *की कढ़ी*

१. टमाटर की प्यूरी, बेसन, हल्दी पाउडर, लाल मिर्च पाउडर, नमक और शक्कर मिलाएं। फेंटकर अच्छी तरह मिला लें। दो कप पानी डालें और चला लें।

२. एक गहरा नॉन स्टिक पैन गर्म करें और राई, हींग, जीरा, कढी पत्ता और साबुत लाल मिर्च खुश्बू आने तक पकाएं।

३. टमाटर का मिश्रण मिलाएं और उबाल आने तक पकाएं। आंच धीमी कर दस मिनट तक उबलने दें।

४. धनिया की पत्तियों से सजाकर गर्मागर्म परोसें।

शाकाहारी | तैयारी १५ मिनट | बनाने में १५ मिनट | परोसें ४ व्यक्तियों को

सामग्री

१ छोटा बीटरूट

२ कप स्किमड् दूध का दही, फेंटा हुआ

१ छोटा चम्मच भुना जीरा का पाउडर

$^{1}/_{2}$ छोटा चम्मच लाल मिर्च पाउडर

१ बड़ा चम्मच धनिया की ताज़ी पत्तियां, बारीक कटी हुई

स्वादानुसार नमक

बीटरूट *रायता*

१. बीटरूट उबालें, छीलें और कद्दूकस कर लें। रेफ्रीजरेटर में ठंडा कर लें।

२. भुना जीरा का पाउडर, लाल मिर्च पाउडर, धनिया की ताज़ा पत्तियां और नमक, दही में अच्छी तरह मिला लें।

३. ठंडा बीटरूट मिलाएं और हल्के से चला लें।

४. ठंडा परोसें।

शाकाहारी | तैयारी ३० मिनट | बनाने में ५ मिनट | परोसें ४ व्यक्तियों को

सामग्री

२ कप आटा + थोड़ा आटा बेलने के लिए

१ गुच्छा (३५० ग्राम) पालक, कटा हुआ

१०० ग्राम स्किम्ड् दूध का छेना

१/२ कप स्किम्ड् दूध का दही, फेंटा हुआ + परोसने के लिए

१ छोटा प्याज, बारीक कटा हुआ

१/२ छोटा चम्मच अजवाइन

२ बड़े चम्मच धनिया की ताज़ी पत्तियां, बारीक कटी हुई

२ हरी मिर्च, कटी हुई

१/२ छोटा चम्मच जीरा पाउडर

१ छोटा चम्मच चाट मसाला

१ छोटा चम्मच गरम मसाला पाउडर (पृष्ठ १०४)

स्वादानुसार नमक

पालक एंड छेना

पराँठा

१. गहरे बर्त्तन में आटा ले लें।

२. बाकी सामग्रियां मिलाकर आटा को नरम गूंद लें। इसे ढककर पंद्रह मिनट के लिए छोड़ दें।

३. गूदे हुए आटे को बारह बराबर हिस्सों में बांट लें और उनकी लोई बना लें।

४. इन्हें मोटे पराँठे की तरह बेलें। तवा गर्म करें और मध्यम आंच पर पराँठे सेंके। पराँठों को भूरा और खस्ता होने तक दोनों तरफ से सेकें।

५. दही के साथ गर्मागर्म परोसें।

शाकाहारी | तैयारी १५ मिनट | बनाने में ३० मिनट | परोसें ४ व्यक्तियों को

सामग्री

२ कप आटा

स्वादानुसार नमक

¹/₄ छोटा चम्मच हल्दी पाउडर

१ छोटा चम्मच जीरा पाउडर

१ छोटा चम्मच अदरक-हरी मिर्च पेस्ट

१ छोटा चम्मच कसूरी मेथी

मेथी
खाखरा

१. एक बर्त्तन में आटा और नमक मिला लें। हल्दी पाउडर, जीरा पाउडर, अदरक-हरी मिर्च पेस्ट और कसूरी मेथी अच्छी तरह मिला लें। पर्याप्त पानी मिलाकर आटे को नरम गूंध लें।

२. गूंधे आटे को बारह बराबर हिस्सों में बांट लें। प्रत्येक लोई को पतली चपाती की तरह बेलें।

३. नॉन स्टिक तवा गर्म करें। चपाती डालें और धीमी आंच पर उसे सेंके। उलटकर लकड़ी के चम्मच से उसे दबाएं। उसे दबा-दबा कर दोनों तरफ से अच्छी तरह सेंक लें।

४. जब चपाती हल्की भूरी और खस्ता हो जाए तो समझें कि खाकरा तैयार हो गया है। आंच से उतारें, ठंडा होने दें और किसी हवारोधी डिब्बे में बंद कर रखें। चूंकि यह बहुत खस्ता होता है, इसलिए आसानी से टूट सकता है।

शाकाहारी | तैयारी १० मिनट | बनाने में २० मिनट | परोसें ४ व्यक्तियों को

पालक एंड छेना
पराँठा
मेथी
खाखरा
मेथी मकाई
पराँठा

मेथी मकई

पराँठा

सामग्री

२ कप आटा

$^{१}/_{२}$ कप ताज़ी मेथी पत्तियां, बारीक कटी हुई

$^{१}/_{२}$ कप मकई के दाने, उबले और कूटे हुए

स्वादानुसार नमक

१ छोटा प्याज, कटा हुआ

१ मध्यम आकार का आलू, उबला, छीला और मसला हुआ

२ बड़े चम्मच धनिया की ताज़ी पत्तियां, बारीक कटी हुई

२ हरी मिर्च, कटी हुई

$^{१}/_{२}$ छोटा चम्मच अजवाइन

१ बड़ा चम्मच नींबू का रस

१. आटे में नमक मिलाकर पानी के साथ नरम गूंध लें। गूंधे आटे को आठ बराबर हिस्सों में बांट लें। गीले कपड़े से पंद्रह मिनट तक ढक दें।

२. नॉन स्टिक कड़ाही गर्म करें। प्याज, मकई के दाने और मेथी डालकर सूखने तक पकाएं। एक प्लेट पर फैलाकर ठंडा होने दें।

३. ठंडा हो जाने पर मिश्रण को मसले आलू में मिला दें। धनिया की ताज़ा पत्तियां, हरी मिर्च, अजवाइन, नींबू का रस और नमक अच्छी तरह मिला लें। मिश्रण को आठ बराबर हिस्सों में बांट लें।

४. लोई को पूरी की तरह बेलें और आलू का मिश्रण उसमें भरें। किनारों को आपस में मिलाकर बॉल जैसी बना लें। बाकी लोइयों को भी ऐसे ही बेलकर भर लें।

५. अब सभी लोइयों को पांच इंच गोलाकार के परांठे बेल लें।

६. नॉन स्टिक तवा गर्म करें। परांठे को दोनों तरफ से हल्का सुनहरा होने तक सेंके।

७. दही के साथ गर्मागर्म परोसें।

शाकाहारी | तैयारी २० मिनट | बनाने में १५ मिनट | परोसें ४ व्यक्तियों को

डेट एंड टेमरिंड चटनी

सामग्री

१५-२० खजूर

१ कप इमली का गूदा

२ छोटे चम्मच जीरा

१/४ छोटा चम्मच सौंफ

१/२ कप गुड़, कद्दूकस किया हुआ

२ छोटे चम्मच लाल मिर्च पाउडर

१ छोटा चम्मच सोंठ

१ छोटा चम्मच काला नमक

स्वादानुसार नमक

१. खजूर धोएं, बीज निकालकर काट लें। जीरा और सौंफ को भून लें। ठंडा कर पाउडर बना लें।

२. खजूर, इमली का गूदा, जीरा और सौंफ के पाउडर, गुड़, लाल मिर्च पाउडर, सोंठ, काला नमक, नमक और चार कप पानी मिलाएं।

३. धीमी आंच पर मिश्रण को उबलने तक पकाएं। आंच धीमी कर छः से आठ मिनट पकाएं। चटनी गाढ़ी हो जाएगी।

४. ठंडा कर परोसें या बाद में उपयोग के लिए रख लें।

शाकाहारी | तैयारी १० मिनट | बनाने में १० मिनट | परोसें ४ व्यक्तियों को

ग्रीन मैंगो एंड अनियन चटनी

सामग्री

३ मध्यम आकार के केरी, छीले, गुठली निकाले और काटे हुए

२ मध्यम आकार के प्याज, कद्दूकस किए हुए

४-६ हरी मिर्च, कटी हुई

१ बड़ा चम्मच अनारदाना

२ बड़े चम्मच नींबू का रस

१/२ छोटा चम्मच काला नमक

स्वादानुसार नमक

१/२ छोटा चम्मच शक्कर

१. केरी, हरी मिर्च, अनारदाना, नींबू का रस, नमक और शक्कर ब्लेंडर में डालकर ब्लेंड कर लें।

२. जरूरत पड़ने पर थोड़ा पानी मिलाएं।

३. कद्दूकस किए प्याज को दबाकर अतिरिक्त पानी निकाल दें और चटनी में मिलाएं।

शाकाहारी | तैयारी १० मिनट | बनाने में कोई समय नहीं | परोसें ४ व्यक्तियों को

ग्रीन मैंगो एंड अनियन चटनी

धनिया पुदीना पराँठा

सामग्री

२ कप आटा

१/४ कप धनिया की ताज़ी पत्तियां, बारीक कटी हुई

१/४ कप पुदीना की ताज़ी पत्तियां, बारीक कटी हुई

स्वादानुसार नमक

२ कप छोटे चम्मच चाट मसाला

१/२ कप स्किम्ड् दूध का दही

धनिया
पुदीना पराँठा

१. एक बर्त्तन में आटा और नमक मिला लें। धनिया की पत्तियां, पुदीने की पत्तियां और पानी मिलाकर गूंध लें। गीले कपड़े से गूंधे आटे को दस-पंद्रह मिनट के लिए ढक दें।

२. गूंधे आटे को आठ बराबर हिस्सों में बांटकर उनकी लोई तैयार कर लें।

३. दही और चाट मसाला मिला लें।

४. प्रत्येक लोई को मध्यम आकार की चपाती के रूप में बेल लें। उस पर दही का मिश्रण एक चम्मच डालें। चपाती को पंखे की तरह मोड़ लें और फिर से लोई बनाकर पांच मिनट के लिए छोड़ दें।

५. प्रत्येक लोई को पांच-सात सेंटीमीटर व्यास के परांठों की तरह बेल लें। गर्म नॉन स्टिक तवा पर दोनों तरफ से सुनहरा भूरा होने तक सेंकें।

६. परोसने के पहले पराठों को अपनी हथेलियों के बीच दबाएं ताकि उसकी परतें खुल जाएं।

शाकाहारी | तैयारी २५ मिनट | बनाने में २५ मिनट | परोसें ४ व्यक्तियों को

सामग्री

२ (३५० ग्राम प्रत्येक) पालक के गुच्छे

१ हरी मिर्च

२ कप स्किम्ड् दूध का दही

काला नमक स्वादानुसार

१ छोटा चम्मच भुना जीरा पाउडर

स्वादानुसार नमक

पालक
रायता

१. उबलते पानी में पालक का एक गुच्छा डालकर नर्म करलें। उसे ठंडे पानी से धो लें और अतिरिक्त पानी निकालकर एक हरी मिर्च के साथ प्यूरी बना लें। बाकी पालक को पतला-पतला काट लें।

२. दही फेंट लें। उसमें पालक प्यूरी, काला नमक और भुना जीरा पाउडर मिलाएं। अच्छी तरह मिलाकर रेफ्रीजरेट कर लें।

३. नॉन स्टिक पैन गर्म करें। पतले कटे पालक को तेज आंच पर तीन-चार मिनट तक पकाएं। पकाते समय लगातार चलाते रहें।

४. नमक मिला लें। तेज आंच पर पालक सूखने तक पकाते रहें। आंच से उतारकर ठंडा कर लें।

५. परोसने के पहले दही में पालक मिलाएं। नमक डालकर ठंडा-ठंडा परोसें।

शाकाहारी | तैयारी १० मिनट | बनाने में १० मिनट | परोसें ४ व्यक्तियों को

छेनार
पायेश

सामग्री

$^{1}/_{2}$ कप छेना, गाय के स्किम्ड् दूध से बना हुआ

१ लीटर (पांच कप) स्किम्ड् दूध

$^{1}/_{2}$ कप शक्कर

५-६ बादाम, नर्म किए और काटे हुए

७-८ पिस्ता, नर्म किए और काटे हुए

१. दूध गर्म करें, धीमी आंच पर दूध गाढ़ा कर आधा कर लें।

२. शक्कर डालें और पकाकर मिला लें।

३. एक कटोरे में छेना मसल लें। उसे दूध में डालें और दो मिनट पकाएं।

४. बादाम और पिस्ता छिड़कें और ठंडा-ठंडा परोसें।

शेफ का सुझाव : *अगर गाय के दूध का छेना न मिले तो भैंस के दूध का छेना ले सकते हैं। मैं गाय के दूध का छेना इसलिए सुझाता हूं कि उसमें फैट कम रहता है।*

शाकाहारी | तैयारी १५ मिनट | बनाने में ३० मिनट | परोसें ४ व्यक्तियों को

गाजर की
खीर

सामग्री

२ मध्यम आकार की गाजर, कद्दूकस किए हुए

१ लीटर (पांच कप) स्किम्ड् दूध

$^{1}/_{3}$ कप शक्कर

$^{1}/_{4}$ छोटा चम्मच हरी इलायची पाउडर

२ बड़े चम्मच किशमिश

१. दूध उबालें और धीमी आंच पर उसे तीन चौथाई होने तक गाढ़ा करें।

२. गाजर डालें और धीमी आंच पर पंद्रह से बीस मिनट तक या गाजर के गलने तक पकाएं।

३. शक्कर डालें और चलाते हुए पकाएं ताकि शक्कर घुल जाए।

४. हरी इलायची पाउडर डालें और अच्छी तरह मिला लें।

५. किशमिश से सजाकर परोसें।

शाकाहारी | तैयारी १० मिनट | बनाने में ३० मिनट | परोसें ४ व्यक्तियों को

सामग्री

५ बड़े चम्मच सेवइयां

१०-१५ केसर के रेशे

१ १/२ लीटर (७ १/२ कप) स्किम्ड दूध

८ बड़े चम्मच शक्कर

२० किशमिश

१ छोटा चम्मच हरी इलायची पाउडर

१ बड़ा चम्मच बादाम, कतरे और भूने हुए

ज़ाफरानी
सेवइयां

१. नॉन स्टिक पैन गर्म करें। हल्का भूरा होने तक सेवइयां धीमी आंच पर भूनें।

२. गहरे पैन में दूध डालें और उबालें। धीमी आंच पर आधा होने तक गाढ़ा करें।

३. शक्कर मिलाएं और घुलने तक पकाएं। सेवइयां और किशमिश डालें और दो मिनट तक पकाएं।

४. आंच से पैन उतारें। केसर और इलायची पाउडर डालें और अच्छी तरह मिलाएं।

५. बादाम के भूने हुए कतरों से सजाकर ठंडा या गरम परोसें।

शाकाहारी | तैयारी १० मिनट | बनाने में ४५ मिनट | परोसें ४ व्यक्तियों को

ज़ाफरानी सेवइयां

सूजी
खीर

सामग्री

१/२ कप सूजी/रवा

१/२ लीटर (७१/२ कप) स्किम्ड् दूध

७-८ केसर के रेशे

१/२ कप शक्कर

२ बड़े चम्मच चिरौंजी

२० बादाम, नर्म किए और कतरे हुए

१. एक पैन में धीमी आंच पर पंद्रह मिनट तक या हल्का भूरा होने तक सूजी भूनें।

२. एक बड़े चम्मच दूध में केसर भिगो लें।

३. बाकी दूध को उबालें और गाढ़ा कर एक लीटर कर लें।

४. गाढ़ा दूध सूजी में डालें और लगातार चलाते रहें ताकि सूजी के ढेले न बन जाएं।

५. तेज आंच पर उबलने तक पकाएं। शक्कर डालें और दो-तीन मिनट उबाल लें।

६. केसर डालकर अच्छी तरह मिला लें।

७. चिरौंजी और बादाम की कतरनों से सजाकर ठंडा या गर्म परोसें।

शाकाहारी | तैयारी १५ मिनट | बनाने में २५ मिनट | परोसें ४ व्यक्तियों को

पाइनएप्पल योगर्ट फूल

सामग्री

- ¹/₂ मध्यम आकार का अनन्नास छोटे चौकोर टुकड़ों में कटा हुआ
- ¹/₂ कप शक्कर
- १ इंच दालचीनी
- ¹/₂ कप स्किम्ड् दूध का दही, पानी निकाला हुआ

१. अनन्नास, शक्कर और दालचीनी एक पैन में मिलाएं और तीस मिनट तक स्ट्यू करें। इसे ठंडा कर लें।

२. अनन्नास के टुकड़े निकालकर पानी निकाले दही में मिलाएं। इसे ब्लेंड कर रेफ्रीजरेट कर लें।

३. ठंडा-ठंडा परोसें।

शाकाहारी | तैयारी १० मिनट | बनाने में ४० मिनट | परोसें ४ व्यक्तियों को

सीताफल बासुंदी

सामग्री

- १¹/₂ लीटर (७¹/₂ कप) स्किम्ड् दूध
- ४ कप सीताफल का गूदा
- ¹/₂ कप शक्कर
- ¹/₂ छोटा चम्मच हरी इलायची पाउडर
- १०-१२ पिस्ता, स्लाइस किए हुए
- १ बड़ा चम्मच चिरौंजी
- १०-१२ बादाम, नर्म कर के कतरे हुए
- ३-४ गुलाब की पंखुड़ियां (वैकल्पिक)

१. एक पैन में तेज आंच पर दूध उबाल लें। आंच धीमी कर आधे घंटे तक दूध गाढ़ा करें। चलाते रहें ताकि दूध जमे नहीं और न ही पेंदी में चिपके। जब दूध आधा हो जाए तो शक्कर मिलाएं। पांच मिनट तक उबालें और उतारकर ठंडा होने के लिए छोड़ दें।

२. ठंडा हो जाने पर सीताफल का गूदा, इलायची पाउडर, स्लाइस किया पिस्ता और चिरौंजी डालें।

३. परोसने वाली कटोरियों में डालें और बादाम की कतरनों और गुलाब की पँखुड़ियों से सजा लें।

४. ठंडा परोसें।

शाकाहारी | तैयारी १० मिनट | बनाने में ३० मिनट | परोसें ४ व्यक्तियों को

अंजीर
का मीठा

सीताफल
बासुंदी

सामग्री

२५० ग्राम सूखे अंजीर

२५० ग्राम सूखे बीजरहित खजूर

१/४ कप स्किम्ड् दूध पाउडर

४-५ बादाम, भूने और कतरे हुए

अंजीर का *मीठा*

१. तीन कप पानी में तीन-चार घंटों के लिए अंजीर भिगो लें। भिगोने के लिए जो पानी लिया था, उसी में तीन से पांच मिनट तक उबालें।

२. पैन आंच से उतार लें। अंजीर छान लें और थोड़ा ठंडा कर लें। कुछ अंजीर रख लें और बाकी की प्यूरी बना लें। रखी गयी अंजीर काट लें।

३. खजूर काट लें और दो कप गर्म पानी में पंद्रह-बीस मिनट के लिए भिगो लें। पानी से निकालकर प्यूरी बना लें।

४. दोनों प्यूरी मिलाएं। उसमें स्किम्ड् दूध का पाउडर डालें। अच्छी तरह मिलाकर धीमी आंच पर पंद्रह से बीस मिनट के लिए पकाएं।

५. कटा हुआ अंजीर डालें और दो-तीन मिनट पकाएं।

६. बादाम की कतरनों से सजाकर परोसें।

शाकाहारी | तैयारी ३ घंटे | बनाने में २५ मिनट | परोसें ४ व्यक्तियों को

संलग्न

गोडा मसाला

१ कप साबुत धनिया, २ बड़े चम्मच साबुत जीरा, $^{१}/_{४}$ कप पत्थर फूल, छः दो इंच की दालचीनी, १६ हरी इलायची, २५ लौंग, $^{३}/_{४}$ छोटा चम्मच शाही जीरा, १०-१२ काली मिर्च, १०-१२ तेज पत्ते, १ छोटा चम्मच नागकेशर, २ जावित्री के टुकडे, ३ बड़े चम्मच कद्दूकस किया हुआ खोपरा, १ छोटा चम्मच तिल, ३ साबुत लाल मिर्च और १ छोटा चम्मच हींग सारी सामग्रियां अलग-अलग भून लें. ठंडा कर के बारीक पाउडर बना लें और बोतल में रख लें। यह रेसीपी सौ ग्राम गोडा मसाला के लिए है।

गरम मसाला पाउडर

१०-१२ जावित्री, ८-१० एक इंच की दालचिनी, २५ लौंग, २५ हरी इलायची, २ जायफल, ८-१० तेज पत्ते, ८ छोटे चम्मच साबुत जीरा और ४ छोटे चम्मच साबुत काली मिर्च को अलग अलग सुखा भून लें। ठंडा कर के बारीक पाउडर बना लें और बोतल में रख लें।

वेजिटेबल स्टॉक

एक पैन में पांच कप पानी, १ मध्यम आकार का प्याज और $^{१}/_{२}$ मध्यम आकार का गाजर के स्लाइस किये हुए, ३ इंच सेलरी डंठल, कटा हुआ, २ लहसुन की कलियां, कूटी हुई, १ तेज पत्ता, ५-६ काली मिर्च और २-३ लौंग को मिला लें और आँच पर रखकर गर्म करें।

पंद्रह मिनट तक धीमी आंच पर उबालें और छान लें। ठंडा कर रेफ्रीजरेटर में बाद के इस्तेमाल के लिए रख लें।